Schirner Verlag

Das Buch

Umfassend und mit vielen Geschichten und Gleichnissen erklärt der Autor die Lehre des Karma und seine Gesetze, legt dar, was es ist, aber auch, was es nicht ist. Dabei beschreibt er die reine Lehre, wie sie gemäß dem Theravada-Buddhismus aufgefaßt wird und angewendet werden will. Leicht verständlich und anschaulich zeigt er ihre Prinzipien auf, die alle logisch und nachvollziehbar und auch für nicht ausschließlich spirituell interessierte Leser leicht zu verstehen sind.

Die Prinzipien der Lehre von Karma und Wiedergeburt fügen sich in nahezu jedes Weltbild, da sie auf das Bild eines Gottes verzichten und die Gesetze von Ursache und Wirkung beschreiben, also eine physikalische Weltsicht zugrundelegen.

Dieses Buch gibt die Selbstverantwortung zurück in die Hände, in die sie sowieso gehört: in Ihre eigenen. Sie halten damit den Schlüssel in der Hand, sich aktiv ein glückliches Leben zu gestalten!

Der Autor

Acharya Buddharakkhita (geb. 1921) ist der Gründer und Vorsitzende der Maha Bodhi Society in Bangalore, Indien. 1956 war er während des Sechsten Buddhistischen Konzils in Rangun Mitglied in der Redaktionsabteilung, welche die Veröffentlichung einer vollständigen Ausgabe des Pali-Kanons betreute. Seither hat er zahlreiche Bücher verfaßt und Übersetzungen buddhistischer Texte vorgenommen, die in vielen Ländern Verbreitung fanden. Am bekanntesten ist seine Übertragung des Dhammapada ins klassische Englisch. Als international anerkannter Meditationslehrer lebte und lehrte er, bis zu seinem Rückzug, auch außerhalb seines Heimatlandes, wobei er auch die Buddhist Meditation Society in den USA gründete.

Acharya Buddharakkhita

Die Lehre von Karma und Wiedergeburt

Aus dem Englischen von
Antje Zickler

Schirner Verlag

ISBN 3-89767-179-4

Erste Auflage

Übersetzung: Antje Zickler
Umschlag: Murat Karaçay
Satz: Eleni Efthimiou, Kirsten Glück
Herstellung: Reyhani Druck + Verlag, Darmstadt

Printed in Germany

www.schirner.com

Inhaltsverzeichnis

Anmerkung

Die im Text erscheinenden Pali-Begriffe werden beim erstmaligen Auftauchen im Zusammenhang erklärt. Im Falle Sie Einzelbegriffe nachschlagen wollen oder auf erklärungsbedürftige Begriffe stoßen, z.B. weil Sie mit zeitlichem Abstand einzelne Kapitel lesen, empfehlen wir Ihnen folgendes Werk als Referenz:

Nyânatiloka: Buddhistisches Wörterbuch
(Verlag Beyerlein & Steinschulte)

Vorwort

Die buddhistische Lehre von *kamma* (Karma) und Wiedergeburt bildet das Gegenstück zum Fatalismus. Der Buddha lehrte, daß es sinnlos ist, nach dem Anfang zu suchen, an dem sich das Lebensrad zu drehen begann. Im Buddhismus existiert die Vorstellung von einer dauerhaften, unveränderlichen Entität, welche Seele, Selbst oder *ātmā* genannt wird, nicht. Also bedeutet Wiedergeburt auch nicht die Wanderung einer unveränderlichen Seele von einem Leben zum nächsten.

Der Erhabene Buddha erkannte die Bedeutung von *kamma* als universelles, unabhängiges Gesetz. Karma ist die Manifestation eines Prinzips; des Prinzips oder Gesetzes vom abhängigen Entstehen, welches das gesamte Universum regiert. Die einzigartige Erkenntnis des Buddha lautet: »Den Willen, ihr Mönche, nenne ich *kamma*; aufgrund unseres Willens vollziehen wir Handlungen in Taten, Worten und Gedanken.« Folglich ist der Mensch selbst Herr seines Schicksals und Gestalter seines Glücks oder Unglücks. Entsprechend den Taten, die ein Mensch begeht, werden auch die Konsequenzen sein, die er erfährt. Das ist das Gesetz von *kamma*.

Schicksal und freier Wille müssen nicht im Widerspruch zueinander stehen. Tatsächlich ist es das Zusammenspiel der potentiellen Anlagen eines Individuums und seiner eigenen Anstrengung, das es ihm ermöglicht, ein hohes Maß an Tugendhaftigkeit, Mitgefühl und Weisheit zu erlangen. Diese Zusammenspiel bildet nach buddhistischer Auffassung die Grundlage zum Verständnis des Gesetzes von *kamma*. Seine potentiellen Möglichkeiten zeigen sich im Wesen eines Menschen. Die Beziehung zwischen *kamma* und angeborenen Charakterzügen wird in diesem Buch ge-

nau erläutert. Die karmische Herkunft ist wesentlich realer als die sogenannte physische Herkunft.
Es gibt drei Arten von Motivation, die zu absichtsvollen Handlungen führen: Gier, Haß und Unwissenheit. Und es gibt drei weitere, nämlich Nichtgier, Nichthaß und Nichtunwissenheit. Was die Wurzel für einen Baum ist, das ist die Motivation für das *kamma.* So wie der Baum auf seiner Wurzeln ruht, so bezieht das *kamma* seine Lebenskraft aus der Motivation.
Der Erhabene Buddha verkündete: »Alle Wesen sind Eigner ihrer Handlungen, Erben ihrer Handlungen sowie Geschöpfe ihrer Handlungen und finden Zuflucht in ihren Handlungen. Ihr Handeln scheidet die Wesen in verkommene und vorzügliche.« Dieses Buch erläutert detailliert, was gute und schlechte Taten sind, verfolgt die Spur der ihnen zugrundliegenden Motivation und beschreibt ihre Konsequenzen.
Dabei wird die Beziehung zwischen *kamma* und *vipāka* (den Auswirkungen von *kamma*) deutlich. Eine bestimmte Erfahrung bildet aus sich selbst heraus noch kein *kamma*, aber sie führt zu dessen Heranreifen; *kammaphala* oder auch *vipāka* genannt. Ein Mensch von gewalttätiger Natur verunreinigt seinen eigenen Geist und den anderer, er verunreinigt seine gesamte Umwelt.
Es gibt Wiedergeburt, aber keine Reinkarnation. Dies erklärte der Ehrenwerte Nagasena König Milanda kurz und prägnant anhand eines Beispiels:
Ebenso wie das Anzünden einer Kerze an einer anderen nicht bedeutet, daß die Flamme von der einen zur anderen übergegangen ist, findet Wiedergeburt ohne die Wanderung einer Seele statt.
Wenn es kein unveränderliches Medium gibt, über welches karmische Energie von einem Leben zum nächsten weitergegeben wird, wie können die Handlungen oder das *kamma* des derzeitigen Lebens in einem nächsten Leben Früchte

tragen? Dieses philosophische Rätsel wird in Buddhas Unterweisungen über die Unbeständigkeit *(anicca)* und die Substanzlosigkeit *(anatta)* wunderbar aufgelöst. Wie *jīvitindriya* als Träger angesammelter karmischer Energie wirkt, wird hier klar aufgezeigt.

Der Theravada-Buddhismus kennt ein Rahmenwerk von Verhaltensregeln, die ihrem Wesen nach erfahrungsorientiert und niemals von konzeptioneller Natur sind. Solche Verhaltensregeln sollen uns zu höchster spiritueller Verwirklichung in unserem Leben befähigen, geradeso wie sie auch schon der Buddha erfuhr. Diese Ethik läßt sich nach heilsamem *(kusala)* oder unheilsamem *(akusala) kamma* unterteilen, das sich in körperlichen, verbalen oder geistigen Handlungen äußern kann.
Was von einem selbst ausgeht, kehrt auch zu einem selbst zurück. Das *cūla kamma vibhaṇga sutta* ist eine Lehrrede des Erhabenen, in welcher er *subhas,* Fragen, zu den offensichtlichen Unterschieden in der Welt beantwortet und die Notwendigkeit der Differenzierung zwischen heilsamen und unheilsamen *kammas* verdeutlicht.
Die analytische Annäherung an das Thema, oder *vibhajjavāda,* bezeichnet man als den Pfad der Unterscheidung. In der großen Analyse der Handlungen, dem *mahā kamma vibhaṇga sutta,* wird die Gesamtheit aller *kamma*-Muster mit Hilfe der folgenden prägnanten Sätze umrissen:

So gibt es denn, Ananda,
ein Wirken, das unmöglich ist und unmöglich erscheint,
ein Wirken, das unmöglich ist und möglich erscheint,
ein Wirken, das möglich ist und auch möglich erscheint,
ein Wirken, das möglich ist und unmöglich erscheint.

In diesem Kontext sind mit unmöglich *(abhabbo)* solche Handlungen bezeichnet, die ungeeignet sind, gute Resultate hervorzubringen. Als möglich *(bhabbo)* werden Handlungen bezeichnet, die wohlgeeignet sind, gute Resultate hervorzubringen.

Im *upāli sutta* wird von einem Mann berichtet, der den Buddha in der Debatte besiegen wollte. Er behauptete, körperliche Askese sei wichtiger als die innere Einstellung. In der auf diese Behauptung folgenden Debatte gelang es dem Buddha *Upāli* vollständig von seinem Irrtum zu befreien und ihn auf den Pfad der Wahrheit zu führen.

Im Sutta über die *Konsequenzen von Fehlverhalten* zeigt sich, wie das Gesetz von Ursache und Wirkung unser Leben wohl- oder mißgestalten kann. Alles, was existiert, unterliegt bestimmten Gesetzmäßigkeiten. Im *Sutta vom Werden* erläutert der Buddha den tiefgründigen und komplexen Mechanismus der Wiedergeburt anhand leichtverständlicher Vergleiche. Die Handlung ist der Acker, das Bewußtsein ist der Samen, und die Gier ist die Feuchtigkeit. Wenn das Bewußtsein von Lebewesen, durch Unwissenheit und Gier gefesselt, sich in Form niedriger, mittlerer oder höherer Elemente manifestiert, so findet eine dementsprechende Wiedergeburt statt.

Statt nach einem Schöpfer zu suchen, sollte man lieber die schöpferische Kraft des Karma entdecken. Gibt man dieser Kreativität eine neue Ausrichtung, so kann man das *kamma,* und damit die Wiedergeburt selbst, transzendieren. Die buddhistische Lehre vom *kamma* enthält die größte Hoffnung der Menschheit, da vergangenes *kamma* von gegenwärtigem erlöst und die Ursache für zukünftiges von gegenwärtigem *kamma* verändert werden kann.

Es eröffnet eine Perspektive der Hoffnung und spirituellen

Möglichkeiten. Ein Mensch, der durch *kamma* an das Rad des Werdens *(saṃsāra)* gefesselt ist, kann durch ein anderes *kamma* die Fesseln samsarischer Existenz transzendieren. Die Ungleichheit in unserer Welt kann nicht durch eine gleichmacherische Gesellschaftsform (Kommunismus) gelöst werden. Sie wird erst verschwinden, wenn eine positive Veränderung in den moralischen Grundwerten und ein allgemeiner spiritueller Lebenswandel Einzug hält, so wie der Buddha ihn lehrte.

Ein historischer Überblick

Um die Ungleichheiten, Wirren, Schmerzen und Freuden des Lebens zu erklären, haben die großen Denker Indiens seit frühester Zeit versucht, den Wert, die Wirkungsweise und die Früchte aller Handlungen, guter wie schlechter, zu ergründen. Es zeigt sich, daß alle philosophischen Systeme Indiens, mit Ausnahme der *cārvāka*-Materialisten, eine höhere Richtlinie, eine moralische Basis, zur Bewertung der Handlungen fordern. In der buddhistischen Philosophie ist diese Basis als die Lehre von Karma und Wiedergeburt bekannt.

Dr. S. N. Dasgupta schreibt in seinem monumentalen Werk *Geschichte der indischen Philosophie:* »Alle indischen Systeme sind sich in der Vorstellung einig, daß jede von einem Individuum begangene Handlung eine Art Potential in sich birgt, welches die Kraft besitzt, Glück und Leid der Wesen in der Zukunft zu bestimmen, je nachdem, ob sie gut oder schlecht handelten. Sind die Früchte der Handlungen dergestalt, daß sie nicht im derzeitigen Leben oder nicht in einer menschlichen Existenz erfahren werden können, so muß das Individuum als Mensch oder jedwedes andere Wesen Geburt annehmen, um sie zu erleiden.«

Historisch betrachtet finden sich die Ursprünge der indischen Lehre vom *kamma* bereits in vedischen Opferzeremonien, wo sie jedoch ein einfaches Ritual von beinahe magischer Natur bilden und noch nicht die philosophische und ethische Bedeutung der Periode der *Upanishaden* erlangt haben. In den *Upanishaden* finden wir eine klare Unterscheidung zwischen dem mechanischen Ausführen eines Rituals und ethischem Handeln. Durch den Buddhismus veränderte sich die Bedeutung der Lehre vom *kamma,* da er dessen ethischen Charakter auf freiem Willen fußen ließ und es dadurch in ein perfektes psycho-ethisches System einband. Daher hat *kamma* im Buddhismus den Stellenwert eines Gesetzes und nicht bloß den eines Lehrsatzes.

Die Materialisten

Gleichzeitig mit der Entwicklung der Spiritualität im indischen Denken entstand auch eine Schule des Materialismus. Erwähnung findet deren Ausbreitung in den Berichten der Hindus, Jainisten und Buddhisten gleichermaßen. Während die Lehre vom *kamma* eine grundlegende Basis aller genannten Richtungen bildete, lehnten die Materialisten jede moralische Verantwortung für begangene Handlungen vollkommen ab.

Bruhaspati Laukya, ein Vertreter des *Rig Veda*, ist der früheste Verfechter dieser Überzeugung. *Cārvāka,* sein Nachfolger, war ein berühmter Lehrmeister, der dieser Philosophie ihre endgültige Form gab. Sein Grundsatz lautete, daß die Materie die letzte Realität sei und daß alle Dinge, belebt oder unbelebt, ein Produkt der Materie seien. Geistige Phänomene werden als Vergiftung gesehen, die sich aus einer Mischung von Zutaten ergibt, die selbst nicht giftig sind. Demzufolge gibt es auch keine moralische Verantwortung. Vergnügen und Sinnesfreuden sind die einzigen Ziele des Menschen – *kāma ekaika purushārthaha* (indische Philosophie des Radhakrishna). Schmerz existiert lediglich, um den Genuß der Sinnesfreuden zu steigern, so wie eine kurzzeitige Trennung zwei Liebende ihre Zuneigung um so stärker empfinden läßt. Kurzgefaßt lautet die Aussage der Materialisten:

Yavat jivet sukkhaṃ jivet,
Ruṇam krutvā ghrutam pivet;
Bhasmi bhūtasya dehasya,
Purnarāgamanaṃ kutaha?

Ist der Körper erst verbrannt,
wo soll es da Wiederkehr geben?
Drum lebe glücklich, solange du lebendig bist,
ist auch dein Leben nur geliehen,
trinke Ghee, und erfreue dich daran!

Im Westen predigten die griechischen Philosophen Epikur und Aristippus eine ähnliche Lehre, die jede höhere Instanz oder moralische Basis leugnet.

Unter den Verfechtern der Lehre vom *kamma* gibt es zwei Hauptstandpunkte. Da sind jene, welche an die Existenz einer unsterblichen Seele glauben, die in Beziehung zu einer strafenden Autorität steht. Und da sind jene, welche nicht an die Existenz einer Seele *(ātmān)* glauben und *kamma* als eine Gesetzmäßigkeit sehen, die auf psychologischen und ethischen Grundlagen basiert.
Man unterscheidet also zwei Standpunkte, den theistischen und den nontheistischen. Die brahmanische bzw. die hinduistische Tradition generell vertritt den theistischen Standpunkt bezüglich *kamma* und Wiedergeburt, wonach es eine letztliche Autorität *(ishwara)* gibt, die die moralischen Grundsätze vorgibt und somit auch Gewährer aller Früchte aus allen Taten ist *(phaladātā).*

Alle Wesen begehen ohne Unterlaß alle Arten von Handlungen und erhalten eine entsprechende Entlohnung, nämlich Freude und Glück für gute Handlungen *(shukla karma)*, Schmerz und Unglück für böse Handlungen *(krishna karma)* oder gemischten Lohn aus Freude und Leid für gemischte Handlungen aus gut und böse *(shukla krishna karma).* Aufgrund ihrer durch Begierde und Verblendung *(vāsanā* und *māyā)* bedingten Handlungen werden die Wesen wieder und wieder in die unterschiedlichen Existenzbereiche geboren.

Wird ein Wesen durch reines Handeln vollkommen frei von Begierde *(vāsanā)* oder hört es auf, neues Karma anzusammeln – so, wie in der Gītā als *nishkāma karma* beschrieben –, und wird auf diese Weise ein Befreiter *(mukta)*, so findet ein solches Wesen in sich die nichthandelnde Seele, die weder leidet noch Freude empfindet. Solange Karma angesammelt wird, erfährt die gefangene Seele – vollstreckt durch die Autorität *(ishwara)* und als Frucht ihrer Taten – Wiedergeburt in den unendlich vielen Existenzbereichen.

Theistisch

Christen, Muslime, Parsen und Juden gehören ebenfalls zur Gruppe der Theisten, allerdings mit einem bedeutenden Unterschied: Sie glauben an eine moralische Vergeltung ihrer Taten durch Gott, nicht jedoch an die Vorstellung von Wiedergeburt, welche nach Ansicht der Hindus, Jainisten und Buddhisten eine wesentliche, logische Konsequenz bildet.

In seinem Buch »Reinkarnation und das Gesetz vom Karma« beschreibt W. W. Atkinson, daß selbst die Ägypter, Druiden, Griechen, Römer und Chinesen an eine Art von Karma glaubten. Er erwähnt auch, daß, obwohl die christliche Kirche und die islamischen und jüdischen geistlichen Autoritäten offiziell das Konzept einer Wiedergeburt ablehnen, viele Theologen und Führer dieser ehrenwerten Institutionen persönlich allerdings das Gesetz von Karma erfahren und anerkannt haben. In jedem Fall stellt die Vorstellung, daß man nach dem Tod in eine Hölle oder einen Himmel übergeht, wie es diese Religionen lehren, eine Art nachtodlichen Lebens dar, was faktisch Wiedergeburt bedeutet.

Es herrscht demnach in den theistischen *(ātmavādin)* Glaubensrichtungen generell die Vorstellung, daß eine oberste, richtende Autorität existieren muß. Und es wird weiterhin angenommen, daß ohne eine solche Autorität der Aufbau einer Ethik nicht möglich ist.

Nontheistisch

Das nontheistische Konzept von Karma wird von den Jainisten formuliert. Gemäß diesen entsteht Karma aus zwei sogenannten *bhāvas,* der geistigen Ausrichtung *(kāshāya)* und der materiellen, atomaren Aggregate *(dravya karma).* Entsprechend der geistigen Ausrichtung gehen die atomaren Aggregate eine Verbindung mit der Seele ein. Geradeso wie ein statisch aufgeladenes Kleidungsstück Schmutz anzieht, ziehen diese Vorlieben *dravya karma* an und fesseln die Seele. Die vier grundlegenden Merkmale der Seele sind nach Ansicht der Jainisten Wissen *(gñāna),* Glaube *(darshana),* Energie *(vīrya)* und Glückseligkeit *(ānanda).* Sie werden verzerrt und verschleiert, und die Wesen fallen in den endlosen Kreislauf der Wiedergeburten. Befreiung *(moksha)* bedeutet hier die vollkommene Klärung dieser karmischen Form. Dieses Verständnis von Karma ist als atomarer Pluralismus bekannt.

Aus diesem kurzen Überblick über die unterschiedlichen Traditionen und ihre Vorstellungen von Karma geht deutlich hervor, daß der Glaube an eine »Seele« fest mit der Idee eines »Schöpfers« oder »Vollstreckers« verbunden ist, der – manchmal in Verbindung mit einem absoluten Gericht oder einer Obrigkeit – über Segen oder Verdammnis entscheidet.

Die buddhistische Sichtweise

Der Buddhismus unterscheidet sich in diesem Punkt von den anderen Weltanschauungen und ist damit einzigartig in der Religionsgeschichte und Philosophie. Er setzt sich für eine auf psychologischen Grundsätzen aufgebaute Moralvorstellung ein, die ohne Bestrafung und ohne den Glauben an eine Seele oder ein *ātmān* auskommt. Die buddhistische Darstellung der Lehre vom *kamma* folgt einem vollkommen neuen Weg und geht von einer grundlegend anderen Perspektive aus. Sie basiert auf dem »abhängigen Entstehen« *(paṭicca samuppāda)* und der »Substanzlosigkeit« *(anattā)*, zwei wesentlichen Grundbegriffen des *Buddha-Dhamma*, welche später Beachtung finden werden.

Aus buddhistischer Sicht ist *kamma* nicht fatalistisch. Der Buddhismus orientiert sich weder an einer vergeltenden Autorität, die über das Schicksal entscheidet, noch an einer unabhängigen, seelischen Einheit, die unentrinnbar gefangen ist und der Hilfe höherer Mächte bedarf. Es gibt keine vorherbestimmte oder festgelegte Handlung, die zu begehen unser Schicksal ist und aus der uns ein Retter befreien kann oder die er uns vergeben muß. Fatalismus führt zu einer schwerwiegenden geistigen Trägheit die das eigene *kamma* äußeren Kräften unterwirft. Die buddhistische Lehre vom *kamma* ist keine müßige intellektuelle Spielerei, mit deren Hilfe sich bestimmte Ereignisse im Leben erklären oder verdrängen lassen, für die keine andere zufriedenstellende Antwort gefunden werden konnte. Es ist eine Gesetzmäßigkeit, die – wie jedes andere Gesetz auch – auf klaren Grundlagen basiert.

Die unterschiedliche Auslegung des Begriffs Karma

Herr »A« war für den Mord an seiner Geliebten zu lebenslanger Haft verurteilt worden. Auf die Frage, warum er einen Mord begangen habe, antwortete er bekümmert: »Ich mußte es tun. Es war vorherbestimmt. Schon mein Astrologe sagte mir voraus, daß ich morden werde. Es war mein Schicksal *(prārabdha).*«

Herr »B« war Arzt, fand es jedoch unter seiner Würde, Hausbesuche bei den Armen oder in den Slums zu machen. Er saß träge in seiner Praxis und unternahm keinerlei Anstrengungen, seinen täglichen Verpflichtungen nachzukommen, denn er wußte, daß sein Assistent und die anderen Mitarbeiter alle Arbeiten für ihn erledigten. Unablässig beschwerte sich Doktor »B« über sein Schicksal, wieviel Pech er in allem habe und wie jede seiner Unternehmungen scheitere. Er hatte bereits erfolglos Praxen in verschiedenen Gegenden eröffnet. Als er ein gemeinsames Unternehmen mit einem nahen Verwandten gründete, betrog ihn dieser. Daraufhin arbeitete er als Angestellter unter verschiedenen Ärzten, aber keiner behielt ihn länger als ein paar Monate. Er litt ständig an der einen oder anderen Krankheit, und er war kinderlos. Und so schob er all sein Unglück auf sein Karma. Er behauptete, daß seine schlechten Taten aus der Vergangenheit heute zu diesen Mißerfolgen führten. Fragte man ihn, warum er diese Verfehlungen nicht zum Anlaß nehme, sein Verhalten zu ändern, dann antwortete er, daß jenes vergangene Karma eben auch Ursache seiner heutigen Handlungsunfähigkeit sei.

Die folgende Geschichte handelt von dem Geschäftsmann, Herrn »C«, der seinen Freund betrog. Dieser Freund stammte aus einfachen Verhältnissen, erhielt aber von seinem rei-

chen Schwiegervater eine große Summe Geld, um das gemeinsame Familienunternehmen auszubauen. Heimlich entnahm er immer wieder Geld aus der Firmenkasse, bis er die Summe von drei Lakhs zusammenhatte, welche er »C« zur sicheren Verwahrung gab. Einige Zeit später begab Herr »C« sich auf eine ausgedehnte Pilgerreise, besuchte berühmte Tempel und badete in heiligen Flüssen. Nach seiner Rückkehr bat der Freund Herrn »C«, ihm sein Geld wiederzugeben. Herr »C« gab ihm das Geld nicht, und da es für die Transaktion keine schriftlichen Belege gab, gelang der Betrug. Der Freund war außer sich vor Wut, und es dauerte nicht lange, bis jedermann von der Geschichte erfuhr. Befragte man »C« zu dem Vorfall, so antwortete er ohne Gewissensbisse: »Es ist nichts falsch daran, daß ich das Geld behalten habe, da es ja ohnehin betrügerisch erworben wurde. Außerdem bin ich mit Sicherheit durch die heiligen Bäder, die ich während meiner Pilgerreise nahm, von meinen Sünden reingewaschen worden, und durch die Opfergaben, die ich in vielen Tempeln darbrachte, sind sicher auch die letzten getilgt worden.«
Herr »D« machte enorme Umsätze mit Pharmazeutika. Er besaß ein Labor, das auf die Produktion von Billigmedikamenten spezialisiert war, besonders auf schlechte Kopien sehr bekannter Produkte. Er war auch als strenggläubiger Mensch bekannt, der mit nahezu exhibitionistischer Inbrunst den Tempel der Gemeinde besuchte und sich um die Mönche seiner Kaste kümmerte. Eine der Aktivitäten, denen er sich gelegentlich widmete, war die Unterstützung von sogenannten Charpais, die fürchterlich stanken und voller Ungeziefer waren. Diese Männer kasteiten sich professionell im Namen anderer. Um Buße zu tun, zahlten »Gläubige« ihnen eine bestimmte Summe, woraufhin sich die Charpais in eine Jauchegrube legten und sich dort vom Ungeziefer quälen ließen. Herr »D« bediente sich regelmäßig dieser

vor Ungeziefer starrenden, selbstquälerischen Wesen und glaubte, damit große Mengen gutes Karma anzuhäufen und all seiner Sünden ledig zu sein.

Anhand dieser wahren Geschichten kann man sehen, daß der Begriff *kamma* benutzt wird, um ganz unterschiedliche Aktivitäten und Zusammenhänge zu beschreiben.

Für Herrn »A« bedeutet *kamma* schlicht Fatalismus, ein verhängnisvolles Schicksal, dem man nicht entrinnen kann und an das man unerbittlich gebunden ist. Hätte er *kamma* in buddhistischem Sinne verstanden, so hätte er versucht, den Drang, zu morden, zu überwinden. Er hätte sich intensiv in *sīla*, der sittlichen Reinigung, geübt und dadurch sicherlich die grausame Neigung bezähmt, die ihn zum Mörder werden ließ.

Für Herrn »B« ist *kamma* eine Kette von vorherbestimmten Ereignissen. Eine begangene Tat übt Einfluß auf eine weitere Tat aus. Beide stehen in einem gegenseitigen Abhängigkeitsverhältnis, aber nicht im Sinne von Ursache und Wirkung, sondern im Sinne von Vorherbestimmtheit und Unabänderlichkeit. Hätte der fähige, approbierte Mediziner »B« sich mit fleißiger Beharrlichkeit eingebracht, wären seine Unternehmungen sicher nicht fehlgeschlagen. Und er hätte so manches Mißgeschick als Chance zur Weiterentwicklung nutzen können.

Für Herrn »C« ist *kamma* versteckter Materialismus. Doch ein Unrecht rechtfertigt kein weiteres, und religiöse Bigotterie kann keine Alternative zu wahrem spirituellem Verdienst darstellen. Materialismus, gekleidet in das Gewand von *kamma,* ist ein häufiges Phänomen in allen Religionen.

Wie Herr »D« jemanden dafür zu bezahlen, daß er sich in eine von Ungeziefer starrende Jauchegrube legt, und dann noch mehr zu zahlen, je länger diese Qual dauert, und eine solche »Buße« dann für sich selbst in Anspruch zu nehmen, um eigenes schlechtes Karma auszugleichen, ist möglicherweise die zwiespältigste Art, von dem Begriff *kamma* Gebrauch zu machen.

Es gibt also eine kaleidoskopische Vielfalt von Interpretationen des Begriffs *kamma. Kamma* bedeutet Handlung und leitet sich von *karoti* – handeln, machen, vollführen – ab. Es ist einer der wichtigsten und umfassendsten Begriffe im indischen Sprachgebrauch, und aus dieser breitgefächerten Verwendung erklären sich vermutlich auch die vielen Mißverständnisse. Der Erhabene Buddha faßte daher die Bedeutung des Begriffs *kamma* in einem schlichten und doch tiefgründigen Lehrsatz zusammen, der in sich schlüssig und unmißverständlich ist.

Die fünf Gesetze

Im Buddhismus werden fünf Gesetzmäßigkeiten, *pañca niyāma dhammā*, unterschieden, die in den verschiedenen unbelebten und belebten Bereichen der Existenz gelten. Diese sind:

1. *Utu niyāma:*

   Dieses Gesetz regiert die Jahreszeiten, Temperaturveränderungen und andere physische Bedingungen wie Donner, Sturm, Fluten, Epidemien, Hungersnöte, gute und schlechte Ernten usw.
2. *Bīja niyāma:*

   Dieses Gesetz regiert die Reproduktion der Arten, also daß Menschen weitere Menschen gebären, Tiere weitere Tiere oder daß an einem Mangobaum Mangos reifen.
3. *Citta niyāma:*

   Dieses Gesetz regiert mentale oder psychische Phänomene, wie etwa die Funktionsweise bestimmter Arten von Geist- oder Bewußtseinszuständen, *citta,* in Verbindung mit den jeweiligen Begleitumständen. So führen also die heilsamen, *kusala,* und unheilsamen, *akusala*, die resultierenden, *vipāka,* und funktionalen, *kriyā,* Arten von *citta*, im Zusammenhang mit ihren jeweiligen Begleitumständen, *cetasikā*, zu einem geordneten Zusammenspiel.
4. *Kamma niyāma:*

   Dies ist das geistig-ethische Gesetz von Ursache und Wirkung, auch abhängiges Entstehen genannt. Hier wird eine Wirkung auf der Basis bestimmter Umstände in Verbindung zu ihrer Ursache gesetzt. So erzeugen böse, haßerfüllte Taten schmerzhafte und unangenehme Konsequenzen und gute, liebevolle Taten angenehme Konsequenzen.

5. *Dhamma niyāma:*

Dies ist das Gesetz, welches unter seltenen und besonderen Umständen ungewöhnliche und wunderbare Manifestationen hervorbringt. Wenn spirituell hochverwirklichte Wesen wie der Buddha erscheinen, können während eines solchen Ereignisses viele Arten von Wundern wahrgenommen werden. Unermeßlicher Wohlstand und andere Erscheinungen fallen unter dieses Gesetz.

Kamma ist also eines der *niyāmas* und befaßt sich auf der Basis moralischer Grundsätze mit der Wiedergeburt in einem bestimmten Daseinsbereich mit dessen jeweiligen Erfahrungsmöglichkeiten von Schmerz, Freude, Armut, Reichtum usw. Das Gesetz von *kamma* ist also aufs engste sowohl mit dem Gefangensein in *saṃsāra, bandhana*, als auch mit der Befreiung, *nibbāna,* verbunden.

Die Folgen unserer Handlungen

Die folgende Passage aus dem *aṅguttara nikāya* ist in diesem Zusammenhang sehr aufschlußreich:

Idha, bhikkhave, ekacco pānātipātī
hoti ... adinnādāyī hoti ... kāmesu micchācāri
hoti ... musāvādī hoti ... pisuṇāvāco hoti
pharusāvāco hoti ... samphappalāpī hoti ... abhijjhālu
hoti ... byāpannacitto hoti ... micchādiṭṭhiko hoti ti.

So saṃsappati kāyena, saṃsappati vācāya,
saṃsappati manasā; tassa jimhaṃ kāyakammaṃ
hoti, jimhaṃ vacīkammaṃ, jimhaṃ manokammaṃ,
jimhā gati, jimhūpapatti. Jimhagatikassa kho
panāhaṃ, bhikkhave, jimhūpapattikassa dvinnaṃ,
gatīnaṃ aññataraṃ gatiṃ vadāmi: ye vā
ekantadukkhanirayā, yā vā saṃsappajātikā
tiracchānayoni.

Iti kho, bhikkhave, bhūtā bhūtassa upapatti hoti.
Yaṃ karoti tena upapajjati. Upapannamenaṃ phassā
phusanti. Evamāhaṃ, bhikkhave, kammadāyādā
sattāti vadāmi. Kammassakā, bhikkhave, sattā,
kammadāyādā, kammayoni, kammabandhu,
kammapaṭisaraṇā. Yaṃ kammaṃ karonti kalyānaṃ
vā pāpakaṃ vā, tassa dāyādā bhavanti.

Ihr Mönche, wenn jemand lebende Wesen tötet ...
nimmt, was anderen gehört ...,
unangemessenen Verkehr mit dem anderen Geschlecht
pflegt ...,
die Unwahrheit spricht ..., ein Klatschweib ist ...,

sich grober Rede bedient ..., ein nutzloser Schwätzer ist ...,
neidisch ... und haßerfüllt,
... mit verkehrten Ansichten ...,

... so verdreht er seine körperlichen, verbalen und geistigen Handlungen. Verbogen sind dann auch seine Taten, Worte und Gedanken, und krumm ist sein Weg und sein Schicksal.
Ich sage euch: Wer einem verbogenen Weg folgt,
den erwartet eine Wiedergeburt in den Qualen der Hölle
oder als kriechendes Tier.

Denn, ihr Mönche, entsprechend ihrem jetzigen Zustand
ist auch die Wiedergeburt der Wesen.
Wie jemand handelt, bestimmt seine Wiedergeburt.
Und wenn die Wesen wiedergeboren sind,
erfahren sie die Ergebnisse ihrer Handlungen.

Im *Dhammapada*, einem der meistgelesenen buddhistischen Klassiker finden wir den gleichen Gedanken:

Manopubbaṇgamā dhammā
ṃanoseṭṭhā manomayā;
Manasāce paduṭṭhena
bhāsati vā karoti vā,
tato naṃ dukkhamanveti
cakkaṃ vā vahato padaṃ.
Manopubbaṇgamā dhammā
ṃanoseṭṭhā manomayā,
manasā ce pasannena
bhāsati vā karoti vā,
tato naṃ sukhamanveti
chāyā'va anapāyinī.

Alle Dinge entstehen im Geist,
sind unseres mächtigen Geistes Schöpfung.
Rede mit unreinem Geist,
handle mit unreinem Geist,
und Leiden wird dir folgen,
wie das Rad dem Huf des Ochsen folgt,
der den Wagen zieht.

Alle Dinge entstehen im Geist,
sind unseres mächtigen Geistes Schöpfung.
Rede mit reinem Geist,
handle mit reinem Geist,
und Glück wird dir folgen,
wie der Schatten dem Körper folgt
und nicht weicht.

Es gibt zahlreiche *suttas* (Lehrreden), in denen der Buddha das komplexe und tiefgründige Gesetz vom *kamma* mit Hilfe einfacher und doch einleuchtender Beispiele erläutert.

Dimensionen der Persönlichkeit

Die Existenz unseres Universums basiert auf dauerhaften, allgemeingültigen und voneinander abhängigen Gesetzmäßigkeiten. Wir können eine gewisse Gerechtigkeit und Ordnung, eine Abhängigkeit und Reihenfolge feststellen, die den Lauf des Kosmos bestimmt. Die Welt ist nicht zufällig und willkürlich. Sie wird nicht durch Vorschriften und Befehle regiert, sondern ist jenen ewigen Gesetzen unterworfen, die Harmonie und Weiterentwicklung, Ordnung und Kontinuität garantieren. Sie zu befolgen heißt, in Frieden zu verweilen.

Der Buddha unterschied fünf solche Gesetzmäßigkeiten, welche die kosmische Ordnung regieren. Sie werden als *niyāma dhammā* bezeichnet, denn sie schaffen Harmonie und Struktur. Es handelt sich um Gesetzmäßigkeiten, die sich mit dem körperlichen, biologischen, psychologischen, ethischen und spirituellen Bereich des Lebens befassen.

Wenn die menschliche Gesellschaft zu sehr von materiellen Dingen in Anspruch genommen wird, oder wenn körperliche Notwendigkeiten im Leben die vorherrschende Rolle spielen, dann geht dies auf Kosten der schöngeistigen und intellektuellen Qualitäten des Lebens. Liegt das Hauptaugenmerk einseitig auf den geistigen Gesetzen führt dies zur Beschäftigung mit vielerlei geistigen Kräften auf Kosten der ethischen und spirituellen Bedürfnisse. Man sagt, die den Menschen mental unterlegenen *asuras* (Dämonen) verfügten über ungeheure geistige Kräfte. Sie besitzen einen riesigen, unbegrenzten Einfallsreichtum, nutzen ihn aber nur für teuflische und zerstörerische Zwecke. Sie mißbrauchen ihre Kräfte zur Überschreitung der Grenzen. Der Mensch läuft Gefahr, in die Fußstapfen der *asuras* zu treten, wenn er sich einseitig mit den materiellen und körperlichen

Aspekten des Lebens befaßt. Wenn Wissenschaft und Technik den psychologischen, ethischen und spirituellen Gesetzen nicht Rechnung tragen, können sie in totaler Zerstörung münden, wie die ungeheuren Vernichtungen zeigen, zu denen die Kriege der Neuzeit geführt haben.

Ethische Grundsätze führen zu Moral und Harmonie – im persönlichen Leben wie im Kosmos – und haben deshalb Vorrang vor den drei vorangegangenen Gesetzen. Werden diese Grundsätze wiederum übertrieben, so degenerieren sie zu Puritanismus und ideologischem Fanatismus. Befinden sie sich aber im Einklang mit den anderen Gesetzen, dann sind sie es, die das Universum erhalten, Fortschritt ermöglichen, Entwicklung sichern und die Kontinuität wahren.

Das spirituelle Gesetz ist das höchste Gesetz, das alle anderen regiert und zu Einstimmigkeit, Harmonie und Gelassenheit führt. Es ist vergleichbar mit dem harmonischen Zusammenspiel vieler Töne, die gemeinsam eine himmlische Symphonie bilden, anstatt in infernalischem Scheppern zu enden.

Was für das Universum gilt, gilt auch für den Menschen. Jeder der verschiedenen Bereiche der menschlichen Persönlichkeit steht für ein Gesetz, und alle gemeinsam bilden ein zusammenhängendes Ganzes. Wenn alle Gesetze im Einklang miteinander sind, macht die menschliche Gesellschaft Fortschritte und erblüht, und wenn sich alle menschlichen Bereiche in Harmonie befinden, wird das Leben zu einem wahren Abenteuer.

Die Lehre vom *kamma* ist unentbehrlich auf dem Weg von der Unzulänglichkeit zur Vollkommenheit, von der Verwirrung zur Wahrhaftigkeit, von der Unwissenheit zur Erleuchtung. Deshalb lehrte uns der Erhabene Buddha, daß die Wesen Erben ihrer Handlungen sind.

Ihr Schicksal entspricht ihren Handlungen. Ihre Handlungen sind ihre Zuflucht. Da die Handlungen dem Geist entspringen, sind sie Ausdruck des Geistes. Kultiviert man einen heilsamen Geisteszustand, so ist ein gutes Schicksal die Folge. Daraus entspringt die hoffnungsvolle Botschaft des Erleuchteten:

Rede mit reinem Geist,
handle mit reinem Geist,
und das Glück wird dir folgen,
wie der Schatten dem Körper folgt
und nicht weicht.

Abhängiges Entstehen

Der Buddha hat den Begriff *kamma* mit Hilfe einer klaren Formel umrissen, die als »abhängiges Entstehen« oder »kausale Genesis«, *paṭicca samuppāda,* bekannt ist. Knapp zusammengefaßt beschreibt diese Formel das Zusammenspiel allen Lebens auf ethischer Basis. Es beinhaltet das abhängige Entstehen all jener geistig-körperlichen Phänomene, die gemeinhin mit Begriffen wie Wesen oder Person bezeichnet werden.

Der Buddha erklärte folgendes:

1. *Avijjāpaccayā saṇkhārā*:

   Durch Unwissenheit entstehen *kamma*-Formationen, *kamma* erzeugende oder Wiedergeburt erzeugende absichtsvolle Handlungen.

2. *Saṇkhārā-paccayā viññāṇaṃ*:

   Aus dem *kamma* vergangener Leben entsteht das Bewußtsein des jetzigen Lebens.

3. *Viññāṇa-paccayā nāarūpaṃ*:

   Aus dem Bewußtsein entstehen die geistig-körperlichen Aggregate, die unsere sogenannte individuelle Existenz bilden.

4. *Nāmarūpa-paccayā saḷāyatanaṃ*:

   Aus den geistig-körperlichen Aggregaten entstehen die sechs Grundlagen. Dies sind die fünf körperlichen Sinnesorgane und, als sechstes, das Bewußtsein.

5. *Salāyatana-paccayā vedanā*:
Aus den sechs Grundlagen entstehen Kontakt oder Bewußtseinseindruck.

6. *Phassa-paccayā vedanā*:
Aus dem Bewußtseinseindruck entsteht Gefühl oder Empfindung.

7. *Vedanā-paccayā taṇhā*:
Aus der Empfindung entsteht Begehren.

8. *Taṇhā-paccayā upādānaṃ*:
Aus dem Begehren entsteht Anhaftung.

9. *Upādāna paccayā bhavo*:
Aus der Anhaftung entsteht der Prozeß des Werdens.

10. *Bhava-paccayā jāti*:
Aus dem Prozeß des Werdens entsteht Wiedergeburt.

11. *Jāti-paccayā jarāmaraṇa soka-parideva-dukkha-domanassa-upāyāsā sambhavanti*:
Aus der Wiedergeburt entstehen Altern, Tod, Leid, Schmerz, Unglück und Verzweiflung.

Die drei Kreisläufe und die vier Aspekte

Vergangenheit:

1. Unwissenheit *avijjā*
   kamma-Prozeß *kammabhava*
2. Karma Formationen *saṇkhārā*
   fünf Ursachen: 1, 2, 8, 9, 10

Gegenwart:

3. Bewußtsein *viññāṇa*
4. Körperliches und Geistiges *nāma-rūpa*
   Wiedergeburtsprozeß *upapattibhava*
5. Sechs Grundlagen *saḷāyatana*
6. Kontakt/ Bewußtseinseindruck *phassa*
   fünf Wirkungen: 3 – 7
7. Gefühl *vedanā*
8. Begehren *taṇhā, kammabhava*
   kamma-Prozeß

(Tabelle aus dem buddhistischen Wörterbuch des Ehrenwerten Nyanatiloka Mahathera)

Die Tabelle beschreibt drei verschiedene Existenzkreisläufe und vier Aspekte von Ursache-Wirkung-Beziehungen.
Die ersten beiden Punkte *avijjā* und *saṇkhārā* stehen für das vergangene Leben, die beiden letzten *jāti* und *jarāmaraṇa* für die Zukunft und die verbleibenden acht für das derzeitige Leben. Man bezeichnet sie als die drei Existenzkreisläufe.
Die vier Aspekte von Ursache-Wirkungs-Beziehungen sind:

1. der aktive karmische Prozeß des vorangegangenen Lebens, bestehend aus *avijjā* und *saṅkhārā* (einschließlich *taṇhā*, *upādāna* und *kammabhava*)
2. der passive *kamma*-erzeugende oder *vipāka*-Prozeß des derzeitigen Lebens, bestehend aus *viññāṇa*, *nāmarūpa*, *saṭāyatana*, *phassa* und *vedanā*
3. der aktive karmische Prozeß des derzeitigen Lebens der auf angesammelten passiven karmischen Eindrücken basiert, bestehend aus *taṇhā*, *upādāna* und *kammabhava* (einschließlich *avijjā* und *saṅkhārā*)
4. der passive *vipāka*-Prozeß des zukünftigen Lebens, bestehend aus *upapattibhava*, *jāti*, *jarāmaraṇa* usw.

Basierend auf den durch Unwissenheit erzeugten *kamma*-Formationen oder auf willentlichen Handlungen reifen die speziellen Bedingungen heran, die den passiven Aspekt unseres derzeitigen Lebens darstellen. Diese Bedingungen setzen den aktiven karmischen Prozeß, bestehend aus *taṇhā*, *upādāna* und *bhava* in Gang, der zur Grundlage des passiven Aspekts unseres zukünftigen Lebens wird.
Durch die Verknüpfung von Ursache und Wirkung setzt sich der Vorgang von *kamma* und Wiedergeburt in *samsāra* unendlich fort. Ohne Pause findet Wiedergeburt in den unterschiedlichsten Formen und unter verschiedensten Umständen statt, ob als Mensch, als göttliches Wesen oder als Tier.

Die in zwölf Punkte gegliederte Erläuterung des Abhängigen Entstehens erklärt den gesamten Prozeß von *kamma* und Wiedergeburt aus psychologischer, ethischer und metaphysischer Sicht.

Aus psychologischer Sicht lassen sich alle mentalen Phänomene auf vierundzwanzig Zustände zurückführen, die durch ihre gegenseitige Kombination miteinander den Lebensprozeß in kontinuierlichem Fluß halten, und zwar entsprechend dem ethischen Charakter des zugrunde liegenden mentalen Phänomens.

Aus ethischer Sicht führen bestimmte Arten von Handlungen, die mit Hilfe von Körper, Rede und Geist begangen werden, zu Resultaten, die genau der ethischen Natur der begangenen Handlung entsprechen.

Die metaphysische Sichtweise zeigt den Zusammenhang auf zwischen dem Gesetz von *kamma* und Wiedergeburt und dem Gefangensein oder der Befreiung. Da *kamma* auf dem Grundsatz der kausalen Genesis beruht, haben die beiden Extreme des Nihilismus und des Glaubens an eine Ewigkeit keinen Bestand. Der nihilistische Standpunkt wurde bereits in dem Kapitel über die Vorstellungen der Materialisten entkräftet. Die Vorstellung von der Existenz einer unveränderlichen Entität inmitten einer sich verändernden Welt ist vom Standpunkt, des bedingten Entstehens aus gesehen, eine metaphysische Fiktion und außerdem ein logischer Widerspruch. Gäbe es so etwas wie *ātmā*, die Seele oder eine Entität, die unberührt von allem Wandel unveränderlich bliebe, was gäbe es dann zu befreien?

Uśassata diṭṭhiyā sati brahmacariyavāso na hoti,
uccheda diṭṭhiyā sati brahmacariyavāso ca na hoti.
(Sacca Saṇgaho)

Wo die verdrehten Vorstellungen
von Ewigkeit oder Nihilismus herrschen,
ist ein heiliges Leben ohne Bedeutung,
da in beiden Fällen keine Entwicklung möglich ist.

Nimmt man an, daß diese Entität dem Zufallsprinzip unterliegt, wo ist dann die Garantie, daß sie nach ihrer Befreiung nicht wieder in den unbefreiten Zustand zurückfällt, zumal ihre ursprüngliche Natur ja unveränderlich ist? Das wirft auch die schwierige Frage nach dem ursprünglichen Anfang der Existenz mit all ihren Konsequenzen auf. Daher gibt es nach buddhistischer Lehrmeinung, vom metaphysischen Standpunkt aus gesehen, nichts, was von einem Körper zum anderen wandert, sondern nur *nāma-rūpa*, die Ansammlung geistig-körperlicher Aggregate, die im Fluß sind und »sich weder gleichen noch verschieden voneinander sind« *(naca so na ca añño)*. Abhängig von Bedingungen erscheinen und vergehen sie von Existenz zu Existenz.

Einer Flamme gleich

In einem klassischen Gleichnis wird *kamma* mit einer Lampe verglichen, die die ganze Nacht hindurch brennt. Genauso wie man nicht behaupten kann die Flamme sei zu einem bestimmten Zeitpunkt die gleiche wie zu einem anderen, kann man auch nicht sagen, sie seien vollkommen verschieden voneinander. Eine Flamme erscheint in Abhängigkeit von der vorhergegangenen. Man könnte *kamma* in diesem Sinne als das Öl oder den Treibstoff bezeichnen, der die Manifestationen des Lebens, die Flamme, in Erscheinung treten läßt. Jede Lebensäußerung basiert ursprünglich auf einem einzigen wiedergeburterzeugenden Karma, *janaka kamma,* das eine Reihe von Bewußtseinseindrücken hervorbringt, die in schneller Reihenfolge erscheinen und uns dadurch den Eindruck ungebrochener Kontinuität vermitteln.

Das Rad des Lebens

Im *Divyavadāna*, dem Sanskritwerk mit den Biographien der wichtigsten Schüler des Buddha, finden wir die Geschichte von *Moggallāna*. Er war einer der beiden hervorragendsten Jünger des Erhabenen. Seine übernatürlichen Fähigkeiten standen denen des Buddha in nichts nach. Er bereiste die verschiedenen nichtmenschlichen Existenzbereiche, wie die unterschiedlichen Höllen oder das Reich der Geister, ebenso die göttlichen Bereiche der *deva lokas* und *brahmas*. Er berichtete dem Buddha und seinen Mönchen von den schrecklichen Leiden der Wesen in den Geister- und Höllenbereichen und vom glücklichen Leben der himmlischen Wesen.

Das führte dazu, daß man unzufriedene oder aufrührerische Mönche, die ihre älteren Brüder störten, unverzüglich zum Ehrenwerten *Moggallāna* brachte, der sie mit seinen Erzählungen von den niederen Existenzbereichen stets wieder zur Vernunft brachte. Der Buddha beobachtete, daß der ehrenwerte *Moggallāna* großen Ansammlungen von Mönchen und Laien die unterschiedlichen Existenzbereiche erläuterte und ihnen verdeutlichte, wie die Wesen, angetrieben von der Kraft des *Karma*, von Leben zu Leben wandern. Der Buddha wußte, daß nicht alle den Belehrungen von *Moggallāna* beiwohnen konnten, und bat daher den ehrenwerten *Ananda*, ein großes Wandbild des Lebensrades, *bhava chakka*, am Eingang der Gebetshalle anbringen zu lassen. Dort diente es zum Nutzen aller Schüler als Lernhilfe.

Bis heute finden wir in buddhistischen Ländern und Klöstern auf der ganzen Welt solche Darstellungen des Lebensrades. Wie zu Lebzeiten des Buddha besteht das Rad aus drei unterschiedlichen Kreisläufen. Der innere Kreis, die Nabe, stellt die drei Wurzeln von *kamma* dar, die das Rad in endloser Bewegung halten. Der mittlere Kreislauf zeigt die sechs Bereiche, in denen die Wesen wiedergeboren werden können. Man bezeichnet sie als die sechs Existenzbereiche, nämlich die Höllen, den Bereich der Geister, die Welt der Tiere, das Reich der Dämonen, die menschliche Welt und die göttlichen Sphären. Der äußere Kreislauf ist in zwölf Felder unterteilt, die die Glieder des abhängigen Entstehens illustrieren. Sie verdeutlichen, daß die karmische Chronologie einer bestimmten Dynamik folgt, die die vergangenen, gegenwärtigen und zukünftigen Leben beschreibt, in die wir durch *Karma* getrieben werden. Das Rad des Lebens ist das Rad des Werdens, *bhava*, des endlosen Wanderns in der Welt der Phänomene, in *samsāra*.

Im inneren Kreis, der Nabe, finden wir die Darstellung von drei Tieren. Der rote Hahn steht für die Gier, die grüne Schlange für den Haß und das schwarze Schwein für die Unwissenheit oder Verblendung. Indem sie jeweils den Schwanz des anderen verschlingen, bilden sie einen Kreis. Damit soll verdeutlicht werden, daß Gier, Haß und Verblendung sich gegenseitig bedingen. Begeht man eine Handlung, die durch Gier oder Haß motiviert ist, wird diese automatisch von der Unwissenheit begleitet, die einen gegenüber den karmischen Konsequenzen des eigenen Tuns blind macht. Sobald wir, durch Weisheit, die Konsequenzen unserer Handlungen erkennen, werden böse Taten vermieden. Die Unwissenheit ist die Ursache allen Übels, denn sie läßt die Wesen im Dunkeln und verhindert, daß sie die Natur und die Konsequenzen bösen Tuns erkennen. Die drei Wurzeln des Bösen im Zentrum halten das Rad des Lebens, – das endlose Wandern in *samsāra* – in Bewegung.

Der mittlere Kreislauf beschreibt die Existenzbereiche, *gati*. Unten, in der Mitte, befindet sich der Höllenbereich. Zur Rechten wird er flankiert vom Reich der Geister und zur Linken vom Tierreich. Oben in der Mitte, befinden sich die göttlichen Bereiche, links flankiert von der Welt der Menschen und rechts vom Bereich der Dämonen und Titanen. Vier der sechs Existenzbereiche werden als leidvoll, *duggati*, bezeichnet. Die anderen beiden, nämlich den Bereich der Götter und der Menschen bezeichnet man als freudvoll, *sugati*. In den *duggatis* wiedergeborene Wesen erleiden die Folgen ihrer schlechten *kammas* aus früheren Handlungen. In den *sugatis* wiedergeborene Wesen erfreuen sich großen Wohlergehens und haben die Möglichkeit zu weiterem spirituellem Fortschritt als Konsequenz aus den guten *kammas* ihrer früheren Taten.

Wesen, die in den *asura loka*, den Bereichen der Dämonen und Titanen, wiedergeboren werden, befinden sich ständig in Auseinandersetzung und Kampf, angefüllt von einer gewalttätigen Vorliebe für körperliche Kraft und andere, geistige Fähigkeiten. Sosehr sie auch um ihre Vormachtstellung kämpfen, werden sie doch immer besiegt. Die Geister leben ein jämmerliches Leben des Hungers und Durstes und werden von unermeßlicher Gier angetrieben. Sie haben riesige, aufgeblähte Bäuche, aber Münder so winzig wie Stecknadelköpfe und extrem schmale Kehlen, so daß sie ihre Gier niemals stillen können.

Die Darstellungen der verschiedenen *gatis* des Lebensrades sprechen eine deutliche Sprache. Die *asuras* befinden sich ununterbrochen im Kriegszustand und leiden unter der Demütigung ihrer ständigen Niederlagen und unerfüllten Erwartungen. Ichbesessenheit und Gewaltverherrlichung, geboren aus den drei Wurzeln von *kamma* im Zentrum des Rades, bilden die Grundlage ihrer Existenz. Sie finden niemals Frieden und erhalten keine Pausen in ihrem endlosen Zwist und Kampf.

Die Darstellung der Geisterwelt ist mitleiderregend und hinterläßt beim Betrachter einen tiefen Eindruck von der Angst und dem Ekel, der die Notlage dieser Wesen charakterisiert. Die Überlieferung berichtet von unendlichen Qualen, die sie erleiden müssen. So scheint ihnen im Sommer das Licht des Mondes entsetzlich heiß zu sein, während die Sonne sie im Winter nicht wärmt. Nähern sie sich dürstend einem Fluß, so ist er ausgetrocknet, bevor sie ihn erreichen. Die Wälder, in denen sie Schutz suchen, verdorren bei ihrer Ankunft, und jedes noch so kleine Stück Nahrung, das sie ergattern können, verwandelt sich in ihren Leibern in messerscharfe Splitter. All das geschieht aufgrund ihrer früheren Gier und Habsucht.

Das Bild von der Tierwelt ist voll von blutrünstigem Töten und Gefressenwerden. Ständig herrschen Angst und Unsicherheit. Die Tiere leiden nicht nur unter dem erbarmungslosen gegenseitigen Morden und der Feindseligkeit untereinander, sie sind auch das Objekt der Gier und der Habsucht des Menschen. Sie werden aufgrund ihres Fleisches, ihrer Knochen und ihrer Haut gejagt. Zur Gewinnung von Wolle, Seide, Perlen oder anderer Stoffe werden sie domestiziert oder müssen sich für den Menschen abmühen, der sie mit Haken und Stricken fesselt und sie zum Dank nur schlägt und tritt. Und wer könnte wohl die unsäglichen Qualen ermessen, die die Tiere in Versuchslabors erleiden müssen? In Zoos und Zirkusarenen fristen sie eingesperrt ihr Leben, nur um der Unterhaltung der Menschen zu dienen. All diese schaurigen Geschichten sollen die Auswirkungen unbändiger Begierde und Wollust verdeutlichen, die zur Geburt als Tier führen.

Die buddhistische Vorstellungswelt kennt keine ewige Verdammnis in der Hölle, trotzdem stellen die Darstellungen des entsetzlichen Leids in den Höllen alles in den Schatten, was wir an Grausamkeit kennen. Die Bewohner der Höllen werden auseinandergerissen, verstümmelt und von unzähligen, gigantischen Maden verschlungen. Sie werden auf unerdenklich viele Arten gequält und gefoltert. Die erbarmungslosen Qualen der Hölle dauern endlos lange. Haben sich die aus reiner Boshaftigkeit, teuflischer Verderbtheit und Brutalität hervorgegangenen *kammas* endlich erschöpft, erhalten die Höllenwesen die Möglichkeit, Wiedergeburt in einem der anderen Existenzbereiche, etwa in dem der Menschen, anzunehmen.

Die Überlieferung sagt aber auch, daß es für die in dem Leid der Niegeburt als Mensch als sehr kostbar angesehen, denn hat ein Wesen einmal Zugang zu den höheren Daseinsbereichen gefunden, so hat es unzählige Möglichkeiten, sich zu entwickeln.

Die Darstellung des menschlichen Daseinsbereiches zeigt glückliche Wesen, die unterschiedlichen Berufungen folgen. Sie werden neben einem Tempel dargestellt, der ihre Möglichkeit zu spiritueller Entwicklung symbolisiert. Der erhabene Buddha verglich die kostbare menschliche Existenz mit einem juwelenbesetzten, goldenen Gefäß, das man nicht mit Unrat füllen und dadurch entwürdigen soll. Er lehrte, daß die wundervolle Gelegenheit der menschlichen Geburt nicht durch Habgier, Haß, Anhaftung und Verblendung verdorben werden dürfe. Anders als die Wesen in den niederen Bereichen sind die menschlichen Wesen mit Verdienst ausgestattet und können sich daher selbst helfen. *Punya* oder Verdienst verwandelt das Menschendasein in ein Instrument zur Erlangung geistiger Befreiung. Daher betonte der Buddha: »Laßt diese kostbare Gelegenheit, jetzt, da ihr Zugang zu den hohen Daseinsbereichen erlangt habt und als Mensch wiedergeboren wurdet, nicht durch Begierde zerstört werden.« Fangen unsere Kleider Feuer, dann bemühen wir uns sofort, sie zu löschen. Ebenso sollten die Begierden bekämpft werden, sobald sie sich im menschlichen Herzen zu regen beginnen, denn ist der menschliche Geist erst einmal von Begierde vergiftet, kann er in die niederen Existenzbereiche zurückfallen.

Es gibt zahlreiche himmlische Daseinsbereiche, in denen die *Kāmāvacara*götter und die *Brahmas* leben, die strahlenden Gottheiten der formhaften und formlosen Bereiche. In der Darstellung des Lebensrades werden die unterschiedlichen himmlischen Sphären durch die Illustration verschiedener Arten göttlicher Behausungen dargestellt. Die göttlichen Wesen sind vollkommen frei von den Ängsten und Schmerzen, die in den niederen Bereichen herrschen. Sie verdanken ihre glückliche Existenz ihrem Verdienst.
Ihre Lebensspanne ist ungeheuer lang und mit unseren Zeitmaßstäben nicht zu messen. Aber auch diese glückselige Existenz ist vergänglich. So wie die Höllen keine endlose Qual bedeuten, sind auch die himmlischen Bereiche keine Reiche ewiger Glückseligkeit. Geraten die Götter in Wut oder verdunkelt sich ihr Geist auf andere Weise, so fallen sie entweder in den Bereich der Dämonen und bleiben dort, oder sie werden in einem anderen Existenzbereich wiedergeboren. Unter den Dämonen leben die gefallenen Götter dann als gefährliche Einzelgänger und bedrohen die anderen, obwohl diese ebenfalls Dämonen sind. Ein verunreinigter Geist kann sich nicht im Reich der Götter halten. Sind die *kammas* oder die Verdienste oder beide einmal erschöpft, so werden die Götter unweigerlich in einem der anderen Existenzbereiche wiedergeboren. Deshalb stellt das Dasein im Bereich der Götter, aus buddhistischer Sicht, nicht der Weisheit letzten Schluß dar und ist kein Zustand, endgültiger Vollendung. Aber es ist ein sehr erhabener Zustand und ein Wesen, das ernsthaft dem Weg des *dhamma* folgt, kann großen Nutzen aus der Existenz als Gott ziehen, um auf dem Pfad zu transzendenter Befreiung voranzuschreiten und letztlich *nibbāna* zu erreichen. Wer jedoch keinen spirituellen Nutzen aus der Existenz in den himmlischen Bereichen zieht, wird traurig enden. Denn ebenso groß wie die Glückseligkeit, die man in den höheren Berei-

chen erfährt, sind auch die Todesqualen, die man nach der Wiedergeburt in den niederen Existenzbereichen erleiden muß.

Gemäß der Überlieferung ist die menschliche Existenz von allen Bereichen, in denen *kammas* erworben werden und zur Reife gelangen, spirituell gesehen die bestmögliche Lebensform. Warum? Weil sie mit einer ausgewogenen Mischung aus Glück und Leid gesegnet ist. Im menschlichen Bereich werden die Buddhas geboren, erlangen Erleuchtung, entdecken die endgültige Wahrheit und verkünden sie zum Wohle aller Wesen, in allen Existenzbereichen und zu allen Zeiten. Durch ihre herausragenden spirituellen Qualitäten und ihre hohe Verwirklichung werden sie zu Rettern und spirituellen Meistern aller, sogar der höchsten Brahmagötter.

Aufgrund der Vergänglichkeit ihrer eigenen Existenz sind die menschlichen Wesen in der Lage, Vergänglichkeit, *anicca*, Leidhaftigkeit, *dukkha,* und Substanzlosigkeit, *anattā*, als die drei Hauptwesensmerkmale zu erkennen die die Welt der Phänomene bestimmen. Das Leben der *devas* ist zu lang und glückselig, als daß sie diese Wahrheiten erkennen könnten genauso wie die Wesen in den leidvollen Existenzbereichen zu sehr von Schmerz und Verzweiflung besessen sind.

Es ist interessant, daß die Geburt in den verschiedenen Existenzbereichen nicht nur Glück oder Leid bedeutet, sondern daß sich die Wahrnehmungen in den einzelnen Sphären völlig voneinander unterscheiden. In der kommentierenden Literatur wird beschrieben, daß ein Krug voller Wasser von den einzelnen Wesen ganz unterschiedlich gesehen wird. Während er den himmlischen Wesen als Nektar erscheint, ist er für die Menschen bloßes Wasser, und die hungrigen Geister sehen in ihm einen Behälter voller Blut und Eiter. Während für die *nagas* und Fische, Wasser den geeigneten Lebensraum darstellt, ist dies für die Götter der formlosen Bereiche der unendliche Raum. So stellt sich alles, ob belebt oder unbelebt, den unterschiedlichen Wesen, entsprechend ihren jeweiligen *kammas,* unterschiedlich dar.

Die zwölf Glieder abhängigen Entstehens, wie sie im äußeren Kreis des Lebensrades dargestellt sind, geben einen anschaulichen Eindruck karmischer Dynamik. Beispielhaft an drei aufeinander folgenden Leben dargestellt, beschreiben sie Vergangenheit, Gegenwart und Zukunft und stehen damit für die Gesamtheit der Zeit. Zeit ist eine Fiktion. Sie existiert nur in Relation zur Bewegung. Da alle Existenzformen aufgrund ihrer Veränderlichkeit und Vergänglichkeit ungeheuer dynamisch sind, erhält die Zeit ein gewisses Gewicht. Hier bestätigt sich in allen Punkten, daß die Kette von Ursache und Wirkung eine fortlaufende Schöpfung, *paṭicca samuppāda*, bewirkt.

Die zwölf Glieder, *nidānas*, sind in Form der *gatis* bildlich dargestellt, um die Funktionsweise dieser Kausalkette zu verdeutlichen.

Die Unwissenheit, das erste Glied, wird durch eine blinde Frau dargestellt, alt und gebrechlich – auf einen Stock gestützt, sucht sie tastend ihren Weg und läßt sich von einem Jungen führen. Unwissenheit ist geistige Blindheit. Ist der Geist von Unwissenheit beherrscht, erkennt er die Dinge nicht, wie sie wirklich sind, sondern hält Wichtiges für unwichtig und Unwichtiges für wichtig, Wirkliches für unwirklich, Wahres für falsch und umgekehrt. Der unwissende Geist ist verwildert und eilt Täuschungen und Begierden hinterher. Er verzerrt die Realität und erhält seine pervertierten Ideologien und Glaubenssätze aufrecht, indem er Vergängliches für dauerhaft, Leiden für Glück, Häßliches für schön und ein Nichtselbst für sein Ich oder seine Seele hält. Geistige Blindheit beinhaltet also nicht nur Nichtwissen, sondern auch das Hegen falscher, unzutreffender Ansichten, dargestellt in dem aussagekräftigen Bild der alten Frau. Unwissenheit tritt niemals allein auf, sondern immer in Begleitung von *bhava taṇhā*, der, auch als Verlangen bezeichneten, Antriebskraft, welche Beständigkeit in der Existenz sucht. Dies symbolisiert der Junge, der die alte Frau führt.

Das Gesetz vom abhängigen Entstehen besagt weiter, daß, basierend auf Unwissenheit, Willenstätigkeiten entstehen. Das bedeutet, daß aufgrund von Unwissenheit ein *kamma* in Taten, Worten und Gedanken geschaffen wird. Es handelt sich hierbei um eine Ursache-Wirkungs-Beziehung, in der Unwissenheit zu Willenstätigkeiten in Form bewußter, absichtlicher und willentlicher Handlungen führt, im Gegensatz zu unabsichtlichen, mechanischen Handlungen.

Die Willenstätigkeiten, das zweite Glied, werden durch einen Töpfer illustriert, der eine Menge verschiedener Produkte herstellt, wunderschöne und solche von schlechter Qualität. Dies repräsentiert die zwei grundlegenden Kategorien von Handlungen, nämlich *kusala kamma*, heilsames, geschicktes, gutes oder verdienstvolles Handeln, und *akusala kamma*, unheilsames, ungeschicktes, schlechtes Handeln. Die Unwissenheit ist also der Ursprung der willentlichen Handlungen, die eine zeitliche Abfolge in Gang setzen und zu Resultaten in der Zukunft führen.

Diese beiden Glieder bilden den aktiven oder produktiven Aspekt der Persönlichkeit, weshalb sie von den drei anderen produktiven Gliedern, nämlich Begierde, *taṇhā*, Anhaftung, *upādāna*, und Werden, *bhava,* begleitet werden.

Aus den willentlichen Handlungen entsteht rückbezügliches Bewußtsein. Damit ist jenes Bewußtsein gemeint, das gleichzeitig mit der Vorstellung entsteht, mit dem ersten Gedankenmoment dieses Lebens.

Es ist als Affe dargestellt, der von einem Baum zum anderen

springt und Früchte verschlingt, was darauf hindeuten soll, daß man die Früchte seines früheren *kammas* erntet. Das Bild des Springens deutet an, daß die potentielle oder restliche karmische Energie am Ende eines Lebens sozusagen in ein neues Gefährt, nämlich in ein neues Leben, springt. Diese Art von »unproduktivem« Bewußtsein nennt man *vipāka* oder resultierendes Bewußtsein. Es handelt sich hierbei um einen passiven Zustand, nicht um einen aktiven.

Der Vorgang der Wiedergeburt ist ungeheuer komplex. Wiedergeburt entsteht nicht bloß durch das Zusammenspiel von Eizelle und Sperma. Die karmische Übertragung, in *pāli* als *gandhabba*, »sein«, bezeichnet, findet statt, wenn die richtige Zeit-Ort-Synchronizität vorliegt. Genau im richtigen Moment, wenn die Eltern die physische Grundlage schaffen und alle umweltbedingten und sozialen Faktoren vorhanden sind, welche mit den karmischen Potentialen des Wesens übereinstimmen, erscheint es auch. Im Palikanon wird explizit erwähnt, daß, wenn die Zeit für die Mutter reif ist und sie den Vater trifft, wenn Sperma und Eizelle aufeinandertreffen und das Wesen zum Sprung bereit ist, also Geburt annehmen kann, zu dieser bestimmten Zeit und in diesem Umfeld die Wiedergeburt stattfindet.

Rückbezügliches Bewußtsein ist also die Kristallisation eines neuen Lebensprozesses. Es führt sozusagen in eine neue Existenz ein, die in sich das Potential der gesamten Vergangenheit trägt.

Basierend auf diesem rückbezüglichen *kamma* erscheinen die geistigen und körperlichen Formationen in kausaler Abhängigkeit voneinander. Zeitlich parallel entstehen psychologische und physiologische Faktoren und bilden eine Synthese. Das Bild, das hier benutzt wird, ist das eines mit Passagieren besetzten Boots, welches von einem Mann durch eine schnelle Strömung gelenkt wird. Während das Boot die physische Basis, den Körper, symbolisiert, repräsentieren die Passagiere den Geist, der sich aus Gefühl, *vedanā*, Wahrnehmung, *sañña*, mentalen Formationen, *saṇkhārā*, und Bewußtsein, *viññāṇa*, zusammensetzt. Das Bewußtsein wird in diesem Bild durch den Bootsführer dargestellt. Die Stromschnellen stehen für die gefährliche und veränderliche Welt, die man im Leben durchschreitet.

Mit der Entstehung der psycho-physischen Faktoren erscheinen auch die Grundlagen der sechs Sinne. Es heißt: abhängig vom Geistig-Körperlichen entstehen die sechs Sinne. Der Begriff Grundlage, *āyatana*, wird hier im Sinne von Sphäre, Pforte oder Tür verwendet und in der Kette des abhängigen Entstehens als Haus mit sechs Fenstern dargestellt. Diese sechs Grundlagen sind Auge, Ohr, Nase, Zunge, Körper und Geist. Das Auge dient als Vorraussetzung für das Bewußtsein, welches hier sozusagen seinen Ausgangspunkt hat. Außerdem dient das Auge als Fenster oder Zugang für wahrzunehmende Objekte und diese vom Auge wahrgenommenen Objekte bilden dann das Sehbewußtsein. Wird dem Mund beispielsweise Nahrung zugeführt, so wird diese, durch die Umwandlung im Verdauungsprozeß, zu einem Teil des Körpers selbst. Genauso verhält es sich, wenn sichtbare Objekte auf das Auge treffen; durch die psychische Verarbeitung des Wahrgenommenen, auch »Aufmerken an der Fünf-Sinnen-Pforte«, *pañcadvārāvajjana*, genannt, verwandelt sich das wahrgenommene Objekt in Sehbewußtsein. Genauso verhält es sich mit den fünf anderen Sinnen.

Basierend auf der Grundlage der sechs Sinne, entsteht das sechste Glied, der Kontakt oder Bewußtseinseindruck, *phasso*. Damit ist das Zusammentreffen von Subjekt und Objekt bezeichnet, also das Zusammentreffen des Auges mit einem sichtbaren Objekt, des Ohres mit Geräusch, der Nase mit Geruch, der Zunge mit Geschmack, des Tastsinns mit Tastbarem und des Geistes mit mentalen Vorstellungen und Ideen. Es wird als Mann und Frau in inniger Umarmung dargestellt, ein passendes Bild, in dem auch das »für einander geschaffen sein« der beiden deutlich wird. Das Entstehen von Bewußtsein, wie etwa des Sehbewußtseins, des Hörbewußtseins usw., entsteht also mit Hilfe eines Bewußtseinseindrucks. Der Bewußtseinseindruck bringt das äußere Objekt in Kontakt mit den sechs Sinnen.

Aufgrund des Bewußtseinseindrucks entsteht Gefühl, *vedanā*. Das siebte Glied wird durch einen Pfeil im Auge dargestellt. Diese lebhafte Illustration, verdeutlicht den plötzlichen, scharfen, beinah schockartigen Eindruck, dem die Persönlichkeit hier ausgesetzt ist, die emotionale Antwort auf den Kontakt zwischen Objekt und Sinnesbewußtsein. *Vedanā* ist der Kreuzungspunkt, an dem Subjekt und Objekt aufeinandertreffen, und spielt daher eine außerordentlich wichtige Rolle. Hier entsteht ein aktives Interesse des Geistes, das sich in Form von Begehren äußert und damit eine neue, erschaffende Kraft bildet. Die fünf Glieder vom rückbezüglichen Bewußtsein bis zum Gefühl bezeichnet man als die passiven Aspekte der Persönlichkeit, *vipāka*. Sie haben ihre Grundlage in den ersten beiden Gliedern. Die ersten fünf Glieder stehen für die Auswirkungen des vorangegangenen Lebens auf das gegenwärtige, als gegebene Grundausstattung.

Aufgrund des Gefühls entsteht Begehren, symbolisiert durch einen volltrunkenen Säufer, der in einer Schänke von einer Frau bedient wird. Der Säufer steht für die Unersättlichkeit und die Gier, die *kamma* zu eigen sind. Begehren ist eine aktive, absichtsvolle Handlung, die immer von Unwissenheit begleitet ist, was deutlich wird in dem Bild von der Wirtin, die die Trinksucht des Säufers unterstützt.

Aus dem Begehren entsteht Anhaftung, denn aufgrund des Begehrens greift man nach dem Begehrten und entwickelt Anhaftung daran. Daher wird die Anhaftung als Mann dargestellt, der fieberhaft Früchte von einem Baum pflückt, um sie in einen Korb zu füllen, der bereits randvoll ist. Anhaftung bedeutet also, eine Verstärkung und Vermehrung der Begierde. Dieses vermehrte Begehren führt zum Werden, denn wonach man greift und woran man Anhaftung entwickelt dazu wird man, das befruchtet einen. Daher finden wir hier das Bild einer Schwangeren, deren Kind, obwohl noch nicht geboren und unsichtbar, doch schon angekommen ist, schon empfangen wurde und sich auf dem Weg befindet, um durch seine Geburt in der Welt zu erscheinen. Wenn Begehren entsteht, formt sich *kamma* und es ist nur eine Frage der Zeit, wann es sich erfüllen wird. Also bilden die drei Glieder Begehren, Anhaften und Werden im Zusammenspiel mit Unwissenheit und absichtsvollem Handeln den aktiven Aspekt des gegenwärtigen Lebens. So entsteht ein Teufelskreis, der nicht vom Schicksal oder göttlicher Fügung bestimmt wird, sondern einzig dem Gesetz von Ursache und Wirkung gehorcht.

Durch das Werden entsteht Geburt, dargestellt in dem Bild einer schmerzhaften, qualvollen Kindsgeburt. Dies verweist auf die Wiedergeburt in der Zukunft als Ergebnis der passiven Grundlagen.

Der in den Gliedern acht, neun und zehn beschriebene aktive *kamma*-Prozeß gestaltet die Zukunft, so wie der Same bereits die Frucht enthält, die aus ihm entstehen wird.

Mit der Geburt beginnt der Kreislauf von Krankheit, Kummer, Schmerz, Bedauern, Depression, Verzweiflung und Tod. Das Altern wird durch einen alten Mann dargestellt, der eine Leiche trägt, denn so wie die Schwangere bereits das Kind trägt, so trägt der Alte den Tod. Die unzähligen Leiden, *dukkhakhandha*, die das Leben in sich birgt, werden in den letzten beiden Gliedern beschrieben. Diese beiden beinhalten die fünf Glieder die den passiven Aspekt der Persönlichkeit im gegenwärtigen Leben bilden.

Das Rad des Lebens hat also zwanzig Speichen, entsprechend den zwanzig Ursachen und Wirkungen. Die fünf Ursachen der Vergangenheit führen zu den fünf Wirkungen, die man jetzt erlebt, diese führen zu den fünf Ursachen, die man jetzt erzeugt und die wiederum führen zu den fünf Wirkungen in der Zukunft. Der Teufelskreis, den man das Rad des Lebens nennt, dreht sich ohne Unterlaß, außer man durchbricht den Kreislauf mit Hilfe der geschickten Mittel, die der Buddha in seinem *dhamma* lehrte und die zur Befreiung führen.

Vorherbestimmung

Die Fatalisten glauben, daß alles, selbst die momentan aktiven *kammas*, vorherbestimmt oder schicksalhaft sind. Sie bringen zwei sehr unterschiedliche Begriffe durcheinander, nämlich *kamma* und *vipāka*.

Gemäß den buddhistischen Lehren ist *kamma* willentliches Handeln, *cetanā*, wie es im Rad des Lebens gemäß der Lehre vom bedingten Entstehen, *paticca samuppāda*, unter Punkt zwei, *saṅkhārā*, beschrieben wird.

Vipāka hingegen ist die Verwirklichung von Karma, die man in den passiven Gesichtspunkten des Lebens erkennt. Im Rad des Lebens finden wir diese passiven Aspekte in den Punkten drei bis sieben. All unsere gegenwärtigen *kammas* sind »unabhängige«, »neue« Handlungen, die nicht unweigerlich auf *kammas* aus vergangenen Leben oder deren Resultaten, *vipākas*, basieren müssen, auch wenn zwischen ihnen eine grundlegende Beziehung besteht. Sie sind also nicht völlig miteinander verwoben und voneinander abhängig. Gäbe es nicht die Möglichkeit, unabhängig zu handeln, hätte man keinerlei Möglichkeit, Einfluß auf seine zukünftigen Leben zu nehmen. Sich um höhere spirituelle Reife zu bemühen wäre nutzlos. Wären wir unentrinnbar an vergangenes *kamma* gebunden, so müßten die Armen oder Tiere in allen zukünftigen Leben in diesen Zuständen verweilen. Es gibt also keine Beziehung von *kamma* zu *kamma,* aber es existiert eine *kammavipāka,* und eine *vipākakamma*-Beziehung, die die Richtung des zukünftigen Lebens bestimmen. Es kann eine Aufeinanderfolge von *kammas* geben, die jeweils die Bedingungen, *paccayas*, für die darauf folgenden bilden oder zu Wiederholungen, *āsevanā,* führen, aber es handelt sich dabei nicht um Vorherbestimmung.

Der Buddhismus ist insofern optimistisch, als er die Möglichkeit sieht, die Zukunft durch die gegenwärtigen *kammas* zu gestalten. Man sollte sich keine Sorgen über die Auswirkungen vergangener *kammas* machen, denn mit Hilfe wirkungsvoller »unterdrückender«, *upapīḷaka*, oder zerstörender, *upaghātaka*, gegenwärtiger *kammas* kann man die schlechten Auswirkungen vergangener *kammas* abschwächen und verwandeln. Deshalb konzentrieren sich Buddhisten voller Hingabe auf den gegenwärtigen Augenblick und nicht auf die passive Vergangenheit – ganz im Einklang mit der Lehre des Buddha:

Cetanāhaṃ, Bikkhave, kammaṃ vādami;
cetayitvā kammaṃ karoti, kāyena, vācāya, manasā.

Den freien Willen, ihr Mönche,
nenne ich Karma (Handlung).
Aus freiem Willen handeln wir in Taten,
Worten und Gedanken.

Fatalismus und freier Wille

Fatalismus und freier Wille sind zwei einander entgegengesetzte Begriffe. Trotzdem sind sie eng mit der Lehre vom *kamma*, den Lebensbedingungen und Erfahrungen der Wesen, ob freudvoll oder leidvoll, verbunden. Schließlich werden all unsere Erfahrungen, Motivationen und Handlungen von einer Vielzahl von Faktoren bestimmt. So kann sich unser Lebensstil aus einer Kombination von fatalistischen Aspekten und solchen des freien Willens zusammensetzen.

Als Fatalismus bezeichnet man die Einstellung, die jede Handlung und jede Erfahrung als vorherbestimmt betrachtet, als unvermeidlich und unabänderlich. Es wird von einer übernatürlichen Autorität, zum Beispiel Gott, ausgegangen, die als letzte Instanz, höchste Autorität und oberste Macht gilt. Der Fatalist lebt in einer despotischen Welt, den irreführenden und willkürlichen Mechanismen seines Lebens unterworfen. Nach Ansicht der Fatalisten sind Menschen, die in einfache Verhältnisse hineingeboren werden, wie zum Beispiel die Kastenlosen in Indien, zu dieser niederen Existenzform bestimmt und müssen unvermeidlich alle sozialen, wirtschaftlichen und politischen Konsequenzen auf sich nehmen. Mitglieder der niedersten Kaste müssen eine hohe Mitgift zahlen, um ihre Töchter zu verheiraten. Sie sind der Korruption und den hohen Preisen des Schwarzmarktes ausgeliefert und erleiden aufgrund ihres Standes unzählige weitere Leiden, zu denen sie unentrinnbar verdammt sind und die durch keine menschliche Anstrengung überwunden werden können. Unternehmer betrügen aus Gewinnsucht die arbeitende Klasse um deren gerechten Lohn und lassen es dann zu Streiks und Gewaltausbrüchen kommen, unter denen ganze Bevölkerungsschichten leiden. All dies ist, gemäß den Fatalisten, vorherbestimmt.

Schicksalhaftigkeit setzt also eine Vorherbestimmung voraus, die jenseits von Ursache und Wirkung Gültigkeit hat. Freie Wahl, freier Wille oder kausale Zusammenhänge spielen keinerlei Rolle. Mit diesem Denkansatz wird das Schicksal zum unüberwindlichen, alles beherrschenden Gesetz von okkulter Vorherbestimmtheit, welchem sich der Fatalist, mit seinem Glauben an ein unentrinnbares und unvermeidliches Schicksal, völlig unterwirft.

Eine logische Konsequenz des Fatalismus ist das Fehlen einer eigenen Anstrengung oder Bemühung, der Mangel an Entscheidungs- und Urteilsvermögen. Wo es keine Wahlmöglichkeit gibt, bleibt nur die Kapitulation und Unterwerfung, die hilflose Annahme des Schicksals.

Der freie Wille hingegen betont die Freiheit der Wahlmöglichkeit und damit die Kraft der Selbstbestimmung und Unabhängigkeit. Dies gibt einem die uneingeschränkte Möglichkeit, seine Handlungen entsprechend dem ungehinderten eigenen Willen zu formen, um dadurch sowohl den Weg als auch das Ziel des eigenen Lebens selbst zu gestalten. Freie Wahl und Urteilsvermögen bilden die unübertrefflichen Waffen, mit deren Hilfe ein gegebenes Los und Schicksal überwunden werden. Machen wir den freien Willen aber zum allmächtigen Faktor des Lebens, so ist dies ebenfalls unlogisch. Genauso wie es eine extreme Position ist, sich völlig dem Schicksal zu unterwerfen, ist es auch die rigide und mechanische Durchsetzung des freien Willens. Viele verschiedene Formen von Aberglauben und pervertierten Praktiken entstehen aus dem Fatalismus, aber ebenso viele begehrliche und materialistische Vergehen werden im Namen des freien Willens begangen. Wird ein Kind mit einer geistigen Behinderung geboren, so werden die Verfechter des freien Willens dies als Zufall bezeichnen oder es mit

Hilfe wissenschaftlicher Gesetzmäßigkeiten zu erklären versuchen. Daß angeborene Qualitäten existieren könnten, daß es Begabungen und den Wesen innewohnende Fähigkeiten gibt, die deren individuelle Entfaltung und Beschränkung, unabhängig vom freiem Willen, bestimmen, wollen die Verfechter der reinen Selbstbestimmung nicht gelten lassen.

Buddhisten nähern sich diesen beiden Standpunkten mit einem Gefühl für Mäßigung und einem Gespür zur Vermeidung von Extremen und beschreiten damit den Mittleren Weg, den der Buddha lehrte. Bedenkt man das Gesetz von *kamma* mit seiner logischen Wiedergeburtstheorie, so haben beide Sichtweisen eine teilweise Gültigkeit. Es finden sich Elemente von Vorherbestimmtheit, ebenso wie solche des freien Willens, aber sie müssen im korrekten Zusammenhang und aus der richtigen Perspektive gesehen werden. Ein Maler mischt aus zwei konträren Farben eine neue Farbnuance, die sein Gemälde verfeinert und verschönert, wie es die beiden ursprünglichen Farben nie vermocht hätten. Genauso verhält sich der Buddhist. Er erkennt, daß angeborene Qualitäten, Begabungen und Charaktereigenschaften, aber auch Behinderungen, ganz unabhängig vom freien Willen, aus vergangenen *kammas* resultieren, aber nicht von einer übernatürlichen Autorität bestimmt werden. Im Buddhismus versucht man diese Tatsache nicht durch scheinbaren Rationalismus zu verneinen. Durch seine unerschütterliche Gewißheit bezüglich der Existenz von Wiedergeburt weiß ein Buddhist, daß es Dinge im Leben gibt, die nicht auf Erfahrungen und Begebenheiten dieses Lebens zurückzuführen sind und die nicht im Zusammenhang mit derzeitigen Handlungen stehen, die aber unsere Freude und unseren Erfolg ebenso wie unser Unglück und unser Versagen mitbestimmen und Einfluß auf unseren Lebensstil haben. Er weiß, daß sie in Verbindung mit vergangenen Leben stehen. Das Schicksal

ist also selbst geschaffen, und es gibt keinen Grund, sich deshalb zu sorgen.
Der Buddha erklärte, daß *kamma* letztlich freier Wille ist und daß der Wille daher das Schicksal formt. Gemäß den Lehren ist jede Bemühung, ja sogar jeder Bewußtseinsmoment völlig autonom, es gibt keinen Raum für eine übernatürliche Gerichtsbarkeit. Der Mensch ist selbst Herr seines Schicksals und Gestalter seines Glücks und Unglücks, seines Erfolgs und Mißerfolgs, je nachdem, wohin er seinen Willen lenkt. Ursache und Wirkung sind wie der Baum und seine Früchte, wie die Henne und das Ei, es zeigt sich das natürliche Wirken eines Gesetzes, das keiner höheren Macht bedarf. Das Gesetz von Ursache und Wirkung folgt seinen Regeln, unbeirrt durch göttliche Intervention. Versucht man das Gesetz von Ursache und Wirkung nur aus der Sicht des Fatalisten oder nur aus der des freien Willens zu beleuchten, so zeigt sich automatisch seine Logik und Kraft. In den Lehren des Buddha von *kamma* und *vipāka* finden sowohl Elemente von Vorbestimmung und Selbstbestimmung als auch solche von freier Wahl und Unvermeidlichkeit Anerkennung, je nachdem, in welchem Zusammenhang sie stehen. Es gibt keine Möglichkeit, eine der beiden Sichtweisen zum Dogma zu erheben. Es gibt im Leben, jenseits jeder Selbstbestimmung, einige unentrinnbar vorherbestimmte Situationen. Durch eine bestimmte Haltung und Sicht der Dinge kann man die Härte dieser Tatsachen aber abmildern und so seinem grausamen Los die Schärfe nehmen. Diese Haltung und Sichtweise ist einzig und allein von unserem freien Willen abhängig, ist unsere freie Wahl. Stellt man sich der Herausforderung der Selbstverantwortung, so verändert dies die Lebensqualität maßgeblich. Es ist die Quintessenz des goldenen buddhistischen Mittelweges, mit der Verwendung beider Vorstellungen gleichzeitig beide zu transzendieren.

Im Dhammapada findet sich ein berühmtes Rätsel, das diese Haltung illustriert:

Vanaṃ chindatha mā rukkhaṃ
Vanato jāyati bhayaṃ
Chetvā vanañ ca vanathañ ca
Nibbanā hotha bhikkhavo.

Rode den Wald, aber nicht den Baum.
Denn aus dem Wald erwächst die Angst.
Hast Du den Wald und das Unterholz gerodet,
so sei frei von Verlangen, o Mönch.

Wurzeln

Alle Handlungen werden durch die drei Pforten, *dvāras*, vollzogen. Diese sind:

1. *Kāyakamma* – Handlungen in Taten
2. *Vacikamma* – Handlungen in Worten
3. *Manokamma* – Handlungen in Gedanken

Sie alle können entweder *kusala*, heilsam, oder *akusala*, unheilsam, sein, je nachdem, worin sie wurzeln. Man unterscheidet sechs Wurzeln:

1. *Lobha* – Gier
2. *Dosa* – Haß
3. *Moha* – Verblendung
4. *Alobha* – Gierlosigkeit
5. *Adosa* – Haßlosigkeit
6. *Amoha* – Unverblendetheit

Man bezeichnet solche *kammas* als *kusala*, die in *alobha*, *adosa* und *amoha* wurzeln. Man bezeichnet jene als *akusala*, welche in *lobha*, *dosa* und *moha* wurzeln. Der hier verwendete Begriff »Wurzel« ist ein bildlicher Ausdruck, der für Motivation steht und eine absichtsvolle Handlung, *kamma*, beschreibt. Er bezeichnet die moralische Qualität des *kamma*. Was die Wurzeln für einen Baum sind, das ist die Motivation, *mūla*, für das *kamma*. So wie die Wurzeln das Fundament eines Baumes bilden, durch das er sich ernährt und am Leben erhält, ruht auch ein *kamma* auf seinen Wurzeln, *hetu*, ist von ihnen abhängig und wird von ihnen motiviert. Es sind also die *hetus*, die die Motivation erzeugen oder den Willen hervorbringen, in Taten, Worten und Gedanken zu handeln. Und der Wille ist ja, wie wir bereits gesehen haben, das Herz des *kamma*.

Die Wurzeln bestimmen die moralische Qualität einer willentlichen Handlung. Also ist die Frage, ob ein *kamma*, eine willentliche Handlung, gut oder schlecht ist, vollkommen von deren Wurzel abhängig, also davon, ob sie durch Gier Haß und Verblendung oder durch Gierlosigkeit, Haßlosigkeit und Unverblendetheit motiviert ist. Die Wurzel ist für das *kamma,* was der Treibstoff für die Fortbewegung oder die Flüssigkeit für das Wachstum ist.

Wie ist das Kriterium, mit dessen Hilfe man gute oder schlechte Handlungen bestimmt, zu sehen? Ist es nur eine Konvention, oder gibt es eine absolute Qualität, die die Heilsamkeit oder Unheilsamkeit einer Handlung zu jedem Zeitpunkt und unter allen Umständen charakterisiert? Gemäß den Lehren des Buddha ist eine Handlung dann heilsam, *kusala*, wenn sie in heilsamen Zuständen wurzelt, wie *alobha*, *adosa* und *amoha,* und sie ist dann unheilsam, *akusala*, wenn sie in *lobha*, *dosa* oder *moha* wurzelt. Da es psychologische Faktoren sind, die die moralische Qualität einer Handlung bestimmen, kann man sie nicht als konventionelle Vorstellungen bezeichnen, denn sie haben eine absolute Qualität, die man als *paramattha dhamma* bezeichnet.

Als *lobha* bezeichnet man den begehrlichen Drang, der einen zu den Objekten der Sinnesbegierde oder des Geistes hinzieht. Gier ist also durch das »Angezogenwerden« charakterisiert, das sich in vielfältiger Weise äußert, vom harmlosesten Wunsch bis zu den gröbsten Formen von Sinnesbegierde, wie Habgier und Egoismus. *Dosa*, Haß, geht mit Abneigung einher und zeigt sich in vielen Schattierungen, die von einfacher Antipathie bis zum erbitterten Haß, Zorn oder Feindschaft reicht. Als *moha* bezeichnet man die Verblendung oder geistige Blindheit. Sie ist gekennzeichnet durch Unwissenheit, verdrehte Intelligenz oder Dummheit. *Alobha* hingegen bezeichnet, obwohl als Negation formuliert, einen sehr positiven Zustand. Er beinhaltet nicht nur die Abwesenheit von Gier, sondern auch Wohltätigkeit, Großzügigkeit und Verzicht. *Alobha* ist praktizierte Nächstenliebe und Barmherzigkeit. Genauso verhält es sich bei *adosa*, das nicht nur die bloße Abwesenheit von Haß beinhaltet, sondern die positiven Qualitäten von gutem Willen, Freundlichkeit und liebender Güte einschließt. Es ist *mettā*, die allumfassende Liebe. Eine Facette von *adosa* ist *ahiṃsā*, die Nichtangriffsbereitschaft oder Gewaltlosigkeit. *Amoha*, die Unverblendetheit bezeichnet Wissen, Einsicht oder Weisheit. Das Freisein von Täuschung bedeutet nicht nur die Abwesenheit von Verblendung, sondern es bezeichnet auch die unterscheidende Weisheit, die erkennt, wie die Dinge wirklich sind.

Man sagt, die Gier führe in Versuchung und verunreinige dadurch das *kamma*, der Haß verursache Erregung, welche das *kamma* trübt, und die Verblendung blende den Willen und besudele so das *kamma*. Die Versuchung, die Erregung und die Blindheit sind die vergifteten Wurzeln bösen *kammas*, Großzügigkeit, Liebe und Weisheit bilden die Wurzeln von gutem *kamma*, voller Vitalität und Heilsamkeit.

Die Motivation

Die einer willentlichen Handlung zugrunde liegende Motivation vergleicht der Buddha im *nidāna sutta* des *aṅguttara nikāya* mit einem Samen. Ein unbeschädigter Same beginnt zu sprießen, sobald man ihn in ein vorbereitetes Feld sät. Ist er einmal aufgegangen, wächst und gedeiht er. Ein beschädigter Samen hingegen, den man zu Asche verbrennt, verliert seine Keimfähigkeit. Die unheilsamen und negativen Motivationen Gier, Haß und Verblendung wuchern und gedeihen wie Unkraut. Heilsame und spirituell positive Motivationen zerstören diese unheilsamen Motivationen, welche den Kreislauf des Werdens in Gang halten, durch Gierlosigkeit, Haßlosigkeit und Unverblendetheit und bringen damit den karmischen Prozeß zum Erliegen. Dies führt zum Erreichen jenes transzendenten Zustands, den man als *nibbāna* bezeichnet. Mit dem Erreichen dieses transzendenten Zustandes vollzieht sich eine vollständige Umwandlung des Geistes, die ihn über das Gesetz von *kamma* und Wiedergeburt hinaus hebt. Durch Gierlosigkeit wird die Gier beendet, und die aus Gier begangenen Handlungen, die die Wurzel der samsarischen Verstrickung sind, kommen so unwiederbringlich zum Erliegen. Es sind also die unheilsamen Motivationen, die uns an *saṃsāra* binden, während uns die heilsamen daraus befreien, indem sie die Grundlagen samsarischer Existenz mit der Wurzel ausreißen. Dieser Vorgang läßt sich mit dem Neutralisieren eines Gifts durch sein Gegengift vergleichen. Beendet man die unreinen Handlungen, die durch die Welt der Phänomene in Gang gehalten werden, mit Hilfe von Handlungen, die sowohl die Handlung selbst, als auch deren Ursache an der Wurzel bereinigen, so führt das ganz natürlich zu einem befreiten und reinen Zustand. Je größer die Freiheit und die unbefleckte

Reinheit sind, um so größer sind auch Glück, Friede und Befreiung. Der befleckte Zustand des Gefangenseins in *saṃsāra* bedeutet Leiden, Verwirrung und Verstrickung. Die Freiheit *nibbānas* bedeutet mehr als nur die Befreiung von den Fesseln *saṃsāras.* Sie beinhaltet die Seligkeit und den Frieden der Unsterblichkeit. *Nibbāna*, der Zustand endgültiger Befreiung und letztes Ziel des Theravadabuddhismus, wird als Zustand vollkommenen Friedens, *santapadaṃ*, als unaussprechliche Seligkeit, *paramaṃ sukhaṃ*, und als unbedingte Befreiung, *asṅkhataṃ vimuttiṃ*, bezeichnet. Wird der endlose Kreislauf von *kamma* und Wiedergeburt, der Leid und Verstrickung mit sich bringt, beendet, so muß aus der Umkehrung dieses Prozesses unweigerlich Frieden entstehen. *Nibbāna* bezeichnet die Befreiung von allen karmischen Prozessen. Die positive und befreiende spirituelle Motivation, die *nibbāna* zugrunde liegt, entfernt die fesselnde und Leid erzeugende, negative Motivation *saṃsāras.* Was bleibt, ist einzig die »nirvanische« Qualität von Glückseligkeit und Freiheit. Daher ist selbst relatives spirituelles Glück mehr als lediglich die Abwesenheit von Elend. Es enthält bereits den Aspekt der absoluten Glückseligkeit *nibbānas.* Es bietet sozusagen einen Vorgeschmack auf *nibbāna.* Deshalb ist das Glück einer guten Lebensführung, so relativ es auch sein mag, Ansporn und Belohnung genug, um sich auf die mühsame und anstrengende Reise zu begeben und alle Opfer zu bringen die nötig sind, um die absolute Glückseligkeit *nibbānas* zu erlangen. Es bedarf des Verdienstes, *punyas*, das aus heilsamen Motivationen entsteht, um einen Menschen voranzutreiben und ihn dazu zu motivieren, auf dem Pfad zur Befreiung voranzuschreiten. Die Verwandlung des relativen in den absoluten Zustand der Glückseligkeit wird durch eine Umwandlung des Geistes, durch überweltliche Bewußtseinszustände, *lokkuttaras*, erreicht, welche *kammas* von transzendentem Charakter sind.

Im *nidāna sutta* wird diese Aussage deutlich.

1. Es gibt diese drei Motive, ihr Mönche, die zu absichtsvollen Handlungen führen. Welche drei? Gier führt zu absichtsvollem Handeln, Haß führt zu absichtsvollem Handeln, Verblendung führt zu absichtsvollem Handeln. Alle Handlungen, ihr Mönche, die aus Gier begangen werden, von Gier motiviert sind, aus Gier geboren sind und von Gier ausgelöst werden; all diese Handlungen reifen, wo auch immer man geboren wird. Und wann immer diese Früchte zur Reife gelangen, erfährt man die Konsequenzen daraus, ob in diesem Leben oder im nächsten oder in irgendeinem darauf folgenden.
   Welche Handlungen auch immer aus Haß begangen werden, von Haß motiviert sind, von Haß verursacht werden, diese Handlungen gelangen zur Reife, wo auch immer man geboren wird. Und wann immer diese Früchte zur Reife gelangen, erfährt man die Konsequenzen daraus, ob in diesem Leben oder im nächsten oder in irgendeinem darauf folgenden.
   Welche Handlungen auch immer aus Verblendung begangen werden, von Verblendung motiviert sind, von Verblendung verursacht werden, diese Handlungen gelangen zur Reife, wo auch immer man geboren wird. Und wann immer diese Früchte zur Reife gelangen, erfährt man die Konsequenzen daraus, ob in diesem Leben oder im nächsten oder in irgendeinem darauf folgenden.
   Stellt euch vor, ihr Mönche, Samen, welche nicht verrottet sind, nicht zerstört durch Wind und Hitze, keimfähig und wohl umhüllt, werden in einen guten Acker gesät, dessen Erde wohl vorbereitet ist; gibt es dann das richtige Maß an Regen, so wachsen diese Samen, entwickeln und vermehren sich.
   Ebenso, ihr Mönche, welche Handlungen auch immer

aus Gier begangen werden, von Gier motiviert sind, aus Gier geboren sind und von Gier ausgelöst werden, diese Handlungen reifen heran, wo immer man geboren wird, und wann immer diese Früchte zur Reife gelangen, erfährt man die Konsequenzen daraus, ob in diesem Leben oder im nächsten oder in irgendeinem darauf folgenden.
Welche Handlungen auch immer aus Haß begangen werden, von Haß motiviert sind, von Haß verursacht werden, diese Handlung gelangen zur Reife, wo auch immer man geboren wird. Und wann immer diese Früchte zur Reife gelangen, erfährt man die Konsequenzen daraus, ob in diesem Leben oder im nächsten oder in irgendeinem darauf folgenden.
Welche Handlungen auch immer aus Verblendung begangen werden, von Verblendung motiviert sind, von Verblendung verursacht werden, diese Handlungen gelangen zur Reife, wo auch immer man geboren wird. Und wann immer diese Früchte zur Reife gelangen, erfährt man die Konsequenzen daraus, ob in diesem Leben oder im nächsten oder in irgendeinem darauf folgenden.

2. Es gibt diese drei Motive, ihr Mönche, die zu absichtsvollen Handlungen führen. Welche drei? Gierlosigkeit führt zu absichtsvollem Handeln, Haßlosigkeit führt zu absichtsvollem Handeln, Unverblendetheit führt zu absichtsvollem Handeln.
Alle Handlungen, ihr Mönche, die aus Gierlosigkeit begangen werden, von Gierlosigkeit motiviert sind, aus Gierlosigkeit geboren sind und von Gierlosigkeit ausgelöst werden, machen der Gier ein Ende, wodurch auch solche Handlungen zu einem Ende kommen und an der Wurzel abgeschnitten werden, wie der Stumpf einer Palme, der unfähig ist, erneut zu erstehen, und auch in der

Zukunft nie wieder zum Objekt des Neuerstehens wird.
Ihr Mönche, welche Handlungen auch immer aus Haßlosigkeit begangen werden, von Haßlosigkeit motiviert sind, aus Haßlosigkeit geboren sind und von Haßlosigkeit ausgelöst werden, machen dem Haß ein Ende, wodurch auch solche Handlungen zu einem Ende kommen und an der Wurzel abgeschnitten werden, wie der Stumpf einer Palme, der unfähig ist, erneut zu erstehen, und auch in der Zukunft nie wieder zum Objekt des Neuerstehens wird.
Ihr Mönche, welche Handlungen auch immer aus Unverblendetheit begangen werden, von Unverblendetheit motiviert sind, aus Unverblendetheit geboren sind und von Unverblendetheit ausgelöst werden, machen der Verblendung ein Ende, wodurch auch solche Handlungen zu einem Ende kommen und an der Wurzel abgeschnitten werden, wie der Stumpf einer Palme, der unfähig ist, erneut zu erstehen, und auch in der Zukunft nie wieder zum Objekt des Neuerstehens wird.
Stellt euch vor, ihr Mönche, Samen, welche nicht verrottet sind, nicht zerstört durch Wind und Hitze, keimfähig und wohl umhüllt, werden im Feuer verbrannt und zu Asche reduziert; nachdem sie zu Asche reduziert sind, zerstreut man sie im Wind oder läßt sie von einem rauschenden Fluß davontragen; solche Samen, ihr Mönche, sind an der Wurzel abgeschnitten, wie der Stumpf einer Palme, der unfähig ist, erneut zu erstehen, und auch in der Zukunft nie wieder zum Objekt des Neuerstehens wird.
Ebenso, ihr Mönche, welche Handlungen auch immer aus Gierlosigkeit begangen werden, von Gierlosigkeit motiviert sind, aus Gierlosigkeit geboren sind und von Gierlosigkeit ausgelöst werden, machen der Gier ein Ende, wodurch auch solche Handlungen zu einem Ende

kommen und an der Wurzel abgeschnitten werden, wie der Stumpf einer Palme, der unfähig ist, erneut zu erstehen, und auch in der Zukunft nie wieder zum Objekt des Neuerstehens wird.

Ihr Mönche, welche Handlungen auch immer aus Haßlosigkeit begangen werden, von Haßlosigkeit motiviert sind, aus Haßlosigkeit geboren sind und von Haßlosigkeit ausgelöst werden, machen dem Haß ein Ende, wodurch auch solche Handlungen zu einem Ende kommen und an der Wurzel abgeschnitten werden, wie der Stumpf einer Palme, der unfähig ist, erneut zu erstehen, und auch in der Zukunft nie wieder zum Objekt des Neuerstehens wird.

Ihr Mönche, welche Handlungen auch immer aus Unverblendetheit begangen werden, von Unverblendetheit motiviert sind, aus Unverblendetheit geboren sind und von Unverblendetheit ausgelöst werden, machen der Verblendung ein Ende, wodurch auch solche Handlungen zu einem Ende kommen und an der Wurzel abgeschnitten werden, wie der Stumpf einer Palme, der unfähig ist, erneut zu erstehen, und auch in der Zukunft nie wieder zum Objekt des Neuerstehens wird.

Taten, geboren aus Gier, Haß und Verblendung,
ob groß oder klein, begehen nur die Törichten.
Sind sie herangereift, so werden sie erfahren,
es gibt kein Entrinnen.
Daher, ihr Mönche, wer Weisheit entwickelt,
der äschert Gier, Haß und Verblendung ein
und mit ihnen alle Arten von Leid.

Die realistische Sichtweise

Wie ein Bumerang fällt jede Handlung auf ihren Akteur zurück. Alles, was von einem ausgeht, kehrt auch zu einem zurück. Das ist ein unentrinnbares Gesetz. Welche Handlungen ein Mensch in Taten, Worten und Gedanken auch vollzieht, deren Konsequenzen muß er notwendigerweise erfahren. Dies ist das Gesetz von *kamma*, wie es der Herr der Weisheit, der Buddha, darlegte.

Nicht jede Handlung ist jedoch *kamma*, obwohl alle *kammas* Handlungen in Taten, Worten und Gedanken sind. Nur bewußte oder freiwillig begangene Taten sind *kammas*. Eine nicht willentliche Handlung ist entweder mechanisch oder funktional und daher nicht in der Lage, ein eigenes Ergebnis, *vipāka,* zu produzieren. Eine bewußte Handlung erzeugt jedoch zweifelsohne ein Resultat, weil sie von Gier, Haß oder Verblendung beziehungsweise von Gierlosigkeit, Haßlosigkeit oder Unverblendetheit ausgelöst wird. Während die ersten drei Motivationen die Wurzel allen Übels darstellen, bilden die letzten drei die Grundlage alles Guten. Genau wie ein Baum seiner Wurzeln bedarf um darauf zu stehen, Stabilität zu finden, Nahrung aufzunehmen und seinen Fortbestand zu sichern, um Blüten und Früchte hervorzubringen, genauso haben heilsame und unheilsame willentliche Handlungen ihre Wurzeln, die in der Erfahrung von Leid oder Glück zur Blüte gelangen.

Bis ein *kamma* herangereift ist, besteht es als potentielle karmische Kraft, die die passende Gelegenheit erwartet, um als spezielle Erfahrung, als Erlebnis oder Lebenssituation aufzutreten. Da das Leben zeitlich begrenzt ist, finden nicht alle der in einem Leben angesammelten *kammas* auch gleich ihre Erfüllung. Aus diesem Grund wird die karmische Energie weitergetragen in eine neue Existenz. So ist die Wiedergeburt also eine natürliche Konsequenz aus der Abfolge der *kammas*. Sie sind untrennbar miteinander verbunden. Bestreitet man die Existenz der Wiedergeburt, so negiert man auch die Lehre vom *kamma*.

Daß Handlungen ein enormes Potential haben, kann man auch in der Beobachtung ganz alltäglicher Lebenssituationen feststellen. Die Tatsache, daß Staaten eine Polizei unterhalten müssen und daß so viele Gefängnisse existieren, beweist, daß es viele Menschen gibt, die schlechte Handlungen begehen. Gleichzeitig bestätigt der Lohn, den verdiente Menschen durch ihre Berufung und für ihre Errungenschaften in den unterschiedlichen menschlichen Bereichen erhalten, die Kraft guter Handlungen. Die Verkettung von Aktion und Reaktion bildet den unendlichen Strom der Existenz, der weiter und weiter fließt, bis er durch die transzendente Verwirklichung ausgetrocknet wird.

In Indien kann man zwei extreme Ansichten bezüglich des Buddhismus feststellen. Die erste Sichtweise, die von den Brahmanen vertreten wird, bezeichnet den Buddhismus als *nastikavāda*, als Nihilismus. Diese Vorstellung entsteht aus Unkenntnis und ist ein Vorurteil, denn der Nihilismus bestreitet die Existenz von *kamma* und Wiedergeburt, während der Buddhismus sie bestätigt. Die zweite Annahme wird von einer Gruppe neu konvertierter Buddhisten vertreten, welche behaupten, der Buddha habe niemals von sich aus über *kamma* und Wiedergeburt gesprochen, sondern sei von den hohen Hindukasten dazu gezwungen worden. Für sie ist *kamma* gleichbedeutend mit Fatalismus. Ihre Interpretation entsteht aus einem Vorurteil gegenüber dem Kastensystem. Verleugnet man das Gesetz von *kamma* aus politischen Erwägungen, so schüttet man das Kind mit dem Bade aus. Des Buddhas Darstellung vom *kamma* ist eine deutliche Bestätigung und eine Weiterentwicklung seiner grundlegenden Lehre vom Mittleren Weg, der alle Extreme vermeidet. Dieser im Buddhismus beschrittene goldene Mittelweg verbindet die feinsten und tiefgründigsten Grundwerte der Menschlichkeit mit den objektiven Elementen der wissenschaftlichen Traditionen und entfernt so alle Fehleinschätzungen, seien es nun nihilistische oder fatalistische. Das buddhistische Gesetz vom *kamma* basiert auf einer realistischen und pragmatischen Anwendung der Vier Edlen Wahrheiten. Die buddhistische Vorstellung geht dahin, daß eine Ansammlung von heilsamen Handlungen, *kusala kammas*, eine Ansammlung unheilsamer Handlungen, *akusala kammas*, neutralisieren und am Ende *kamma* selbst außer Kraft setzen kann. Diese positive Herangehensweise macht es möglich, daß selbst ein Massenmörder wie *Aṅgulimālā* oder eine Prostituierte wie *Ambapāli* Befreiung finden und zu Heiligen werden können.

Charakter und Selbstbestimmung

Der Mensch wird mit bestimmten Eigenschaften und Begabungen geboren, die seinen Charakter prägen. Aber er ist auch mit der Fähigkeit, zu bewerten und entsprechend zu wählen, ausgestattet, und sich gemäß seines freien Willens selbst zu bestimmen. Gibt es einen Widerspruch zwischen angeborenen Charaktermerkmalen und erworbenen Fähigkeiten? Sind Vorherbestimmung und Selbstbestimmung miteinander vereinbar? Wo ist der gemeinsame Kreuzungspunkt zwischen Schicksalhaftem und Selbstgestaltetem? Diese Fragen sind aufs engste mit der Lehre vom *kamma* verknüpft, wie wir auch schon in der Diskussion über das Abhängige Entstehen sehen konnten.

Es kann hier, muß aber nicht, zu Konflikten kommen. Die angeborenen Charakterzüge und die selbstbestimmten Eigenschaften, das Vorbestimmte und das Selbstbestimmte, das Schicksalhafte und das Gestaltete müssen, obwohl grundverschieden, doch nicht im Widerspruch zueinander stehen. Tatsächlich dient die ganze Aufmerksamkeit buddhistischen spirituellen Lebens der Optimierung und Harmonisierung der beiden.

Ein Leben das nicht auf moralischen Gesetzmäßigkeiten, *kamma*, basiert, muß sich zwangsläufig in Konflikte und Widersprüche verstricken. Ein Leben, das den größtmöglichen Vorteil aus dem Gesetz vom *kamma* zieht, löst entweder alle Konflikte oder verwandelt sie in jene Harmonie und Schönheit, welche das Höchste Ziel, *nibbāna*, kennzeichnet. Das Zusammenspiel von potentiellen Fähigkeiten und eigener Anstrengung führt zu individuellem Wachstum in Form von Verdienst, Mitgefühl und Weisheit, welche die grundlegenden buddhistischen Qualitäten in bezug auf die Lehre vom *kamma* darstellen. Während *kamma* für die anderen ein Teufelskreis ist, stellt es für Buddhisten, aufgrund ihrer tiefgründigen und weisen Herangehensweise, eine aufsteigende Spirale dar, die von den Abgründen samsarischer Verstrickung zum Gipfel nirvanischen Friedens emporführt. Mit seinem Charakter wird der Mensch geboren, er ist die Zusammenfassung der Vergangenheit, und man kann nur sehr wenig tun, um ihn zu verändern, aber man kann ihm, mit Hilfe des freien Willens, in der Gegenwart immer eine neue Richtung geben. Die rechte Bewahrung und Neuausrichtung dieser mächtigen Kraft und inneren Quelle bedarf eines ausgezeichneten Werkzeugs. Dieses Werkzeug, im Buddhismus als *kusala* bezeichnet, ist das wichtigste Instrument zur Gestaltung des Lebens und somit auch zur Bestimmung des eigenen Schicksals. Das spirituelle Leben ist wie ein Muster, das durch die Fortschritte auf den Gebieten der Sittlichkeit, der Sammlung und der Weisheit, *sīla*, *samādhi* und *paññā*, geformt wird. *Dhamma*, so lehrte der Buddha, ist *sīla bhāvanā*, die Entwicklung von Sittlichkeit, *citta bhāvanā*, die Entwicklung des Geistes, und *paññā bhāvanā*, die Entwicklung von Weisheit. Diese Verwirklichungen werden gleichgesetzt mit *sīla visuddhi*, der Reinheit der Sittlichkeit, *citta visuddhi*, der Reinheit der Erkenntnis, und *paññā visuddhi*, der Reinheit der Einsicht oder Weisheit. Entwicklung und Reinheit bedingen einander.

Je mehr man sich entwickelt, um so mehr wird man gereinigt, und um so vollkommener wird man. Die Vollendung geht einher mit der Ansammlung von Vortrefflichkeit. Daher wird der *arahat*, nachdem er den Gipfel der Spiritualität erklommen und diese drei Verwirklichungen und Reinheiten erreicht hat, mit zwei weiteren zusammenhängenden Fähigkeiten ausgestattet, nämlich der Verwirklichungen und Reinheit von *ñana*, Wissen und *vimutti*, Befreiung.

Mit anderen Worten: Ist die Sittlichkeit durch ein System

ethischer Verhaltensregeln vollendet und ist der Geist durch effektive Methoden der Meditation und Geisteskultivierung perfektioniert und ist Weisheit durch eine erfolgreiche Praxis der Einsichtsmeditation entstanden, dann erblühen vollendete Weisheit und vollkommene Befreiung. Diese führen zur Verwandlung der Persönlichkeit, wie sie vom *arahat*, dem Heiligen, erreicht wird, der wirklich würdig, *arahā*, und daher ein Vollendeter, *arhaṃ*, ist.

Vor dem Erreichen der perfekten spirituellen Errungenschaft des *arahat* liegt die Mühsal unzähliger Leben. Wie unnachgiebig müssen seine Bemühungen gewesen sein, den eigenen Charakter durch seine Lebensführung zu bereinigen und immer wieder die Konflikte zu beseitigen, die das tägliche Leben in den Existenzen mit sich bringt. Was für eine ungeheure Ausdauer und welch Energie muß er entwickelt haben, um seine angeborenen Charakterzüge mit Hilfe seiner erworbenen Qualitäten zu harmonisieren! Und wie geschickt muß er erst gewesen sein, daß er ein inneres Gleichgewicht zwischen den karmischen Spuren der Vergangenheit und der Konditionierung dieses Lebens herstellen konnte, das durch die Umwelt, die Erziehung und ein kompliziertes Wertesystem bestimmt wird!

Ohne die angeborenen Charaktereigenschaften zu verleugnen oder zu unterdrücken, nimmt ein Buddhist die spirituelle Entwicklung und innere Reinigung in Angriff, immer angespornt von dem Wunsch nach Vollendung. Sein Hauptaugenmerk ist immer darauf gerichtet, den sicheren Pfad der rechten Lebensführung zu beschreiten, wie ihn der Erleuchtete Buddha lehrte. Diesen Pfad beschreitend, richtet er seinen Geist auf die Ansammlung von Verdienst, Mitgefühl und Weisheit aus. Seine angeborenen Tendenzen, wie gegenläufig sie auch sein mögen, werden dadurch beeinflußt, umgeformt und verwandelt. Diese andauernde Bewegung und dynamische Umverteilung der Persönlichkeitsfaktoren führen zu einer Umstrukturierung des ganzen Wesens und enthüllen ein neues, einsichtsvolles Lebensmuster, einen ruhigen Geist, einen integren Charakter und ein geschicktes Handeln in Taten, Worten und Gedanken. Das harmonische Zusammenspiel von Charakter und Lebensführung gilt als Maßstab für den spirituellen Fortschritt eines Menschen.

Die karmische Entwicklung des Menschen

Das karmische Leben eines einzelnen Wesens ist wie der Zusammenfluß, an dem sich mehrere Flüsse miteinander mischen und immer neue, sich ständig verändernde Muster erschaffen. Die dynamische Qualität des Lebens ist in vielerlei Hinsicht mit einem Zusammenfluß vergleichbar. In bezug auf das Abhängige Entstehen kann man es als einen Zusammenfluß der Zeit sehen, wo sich die Flüsse der Vergangenheit, Gegenwart und Zukunft mischen. Man kann das Leben auch als Zusammenfluß von Gesetzmäßigkeiten sehen, wo sich die Ströme von Sittlichkeit, Psychologie und Philosophie treffen. Man könnte diese Liste noch weiter fortsetzen, unterer anderen zum Beispiel mit den drei Arten von Handlungen und vielem mehr.

Im Rad des Werdens haben wir bereits gesehen, wie die passiven und aktiven Aspekte unseres Lebens ineinandergreifen und immer neue Muster entstehen lassen. Es muß nicht besonders betont werden, daß die Vergangenheit immer die Gegenwart beeinflußt, die wiederum zur Grundlage für die Zukunft wird. Die Vergangenheit wird durch die Charaktereigenschaften vertreten, die Gegenwart durch die Handlungen des freien Willens und die Zukunft, wie ein Modell, formt und gestaltet sich ständig neu, noch nicht festgelegt, doch schon entworfen.

Die Zukunft kann niemals ganz vorherbestimmt werden, da sie so unstetig und unsicher ist. In jedem Moment kann ein neues Element hinzukommen, welches das ganze Muster des zukünftigen Lebens verändert. Gäbe es diese Möglichkeit des Wandels nicht, wie könnte es dann Befreiung geben? Deshalb ist es nie zu spät, dem Leben eine neue spirituelle Ausrichtung zu geben. Es ist niemals unangebracht, spirituelle Grundsätze in sein tägliches Leben aufzunehmen, die zu Veränderungen des Zukunftsmodells führen, bis man zu einem vollkommenen *arahat* wird. Diese positive Dynamik in der karmischen Entwicklung des Menschen ist die größte Hoffnung der Menschheit, denn sie versichert uns der Möglichkeit, Vollkommenheit zu erlangen. Am Zusammenfluß der Gesetzmäßigkeiten ist das karmische Leben das Boot, welches auf den dreifachen Strömen von Sittlichkeit, Sammlung und Weisheit dahintreibt. Das Boot wird herumgeschleudert und kommt so mit allen drei Wassern in Kontakt. Das ist das karmische Leben. Um es noch genauer zu sagen: Jedes *kamma*, sowohl in Taten, Worten als auch in Gedanken, ist gebunden an die Elemente Sittlichkeit, Sammlung und Weisheit. Ich möchte nun den Versuch unternehmen, zu erklären, wie diese Prinzipien zusammenwirken.

Sittlichkeit I

Die ethischen Grundlagen des *kamma* kommen in einem Rahmenwerk der moralischen Werte und Verhaltensregeln zum Ausdruck, das als *kammapatha*, Handlungsweg, bekannt ist. Bei diesem Weg handelt es sich um einen dreiteiligen Pfad. Die traditionell verwendete Metapher bezeichnet ihn als dreifältigen Durchgang, nämlich als *kāyakamma* für das körperliche Wirken, als *vacīkamma* für das sprachliche Wirken und als *manokamma* für das geistige Wirken. Diese Komponenten lassen sich nochmals in zehn konkrete Aspekte absichtsvollen Handelns unterscheiden, die jeweils genau definierbare Werte bezeichnen. Bei diesem Rahmenwerk handelt es sich nicht um ein Wertesystem, das durch Konventionen oder von Schriftgelehrten festgelegt wurde. Die Unterscheidung zwischen den Begriffen Wertesystem und Grundwert muß man in diesem Zusammenhang genau im Auge behalten. Die buddhistische Sittlichkeit basiert auf Werten und Idealen, die sich im Verhalten bewahrheiten. Sie stellt Grundprinzipien der Vollkommenheit dar, die von der Persönlichkeit beschritten werden müssen. Also wird Sittlichkeit vom Charakter und vom Verhalten bestimmt, die mit ihren jeweiligen Mustern und Handlungen die ethischen Grundsätze in Einklang bringen. Die Bewertung von Grundsätzen und deren Anerkennung unterscheidet sich entschieden vom Studium von Gut und Böse und dem Verfechten von Glaubensbekenntnissen als eherne Gesetze. Meistens befassen sich Sittenlehren mit der Einhaltung von moralischen Verhaltensregeln, die auf der Vorstellung von Gut und Böse, Richtig und Falsch basieren. Das rechtfertigt die Bestrafung unrechten Verhaltens, was über eine persönliche Bewertung weit hinausgeht. In vielen religiösen Systemen wird die Sittlichkeit theologischer Offenbarung und göttlichem Befehl unterworfen und damit zu einem Instrument der religiösen Hierarchie. Dadurch wird zu Gut und Böse, was als solches gedeutet wird. Wird die Sittlichkeit auf diese Weise zum Instrument subjektiver Notwendigkeiten, dann geht ihr absoluter Wert natürlich völlig verloren. So kann nicht mehr entstehen, als ein bewertendes Regelwerk, das vom persönlichen Glauben, von Dogmen und Aberglauben bestimmt ist.

Wie schon erwähnt, ist die buddhistische Ethik frei von solchen theologischen und dogmatischen Betrachtungsweisen. Sie basiert einzig und allein auf präzisen psychologischen und philosophischen Gesetzmäßigkeiten. Befehle sind einem Buddhisten unverständlich, nicht jedoch Verpflichtungen. Er befolgt ethische Grundsätze, jedoch nicht, weil sie ihm von der Tradition oder einer übernatürlichen Macht aufgebürdet werden. Sittlichkeit, wie er sie versteht, kann niemals vorgegeben sein oder vom Hörensagen kommen. Er fühlt sich einer ethischen Norm deshalb verpflichtet, weil er seinen Geist weiterentwickelt und gereinigt hat und dies ihn zu intuitiven Einsichten führt, die ihm die Möglichkeit spiritueller Befreiung eröffnen. Wird die Annahme ethischer Werte von kritischer Prüfung statt von bloßer Akzeptanz bestimmt, dann führt das zu wahrer Disziplin und nicht nur zum Befolgen von Vorschriften. Diese Entwicklung vollzieht sich Schritt für Schritt.

Das *abhidhamma*, ein Hauptteil des heiligen *pāli tipiṭaka,* besteht aus sieben wichtigen psychologischen und philosophischen Abhandlungen. Es beschreibt eine genaue analytische Methode, die nach dem Was, Wie und Warum ethischer Grundsätze fragt. Was genau ist Sittlichkeit? Warum sollte man sie praktizieren? Welche Logik liegt darin, sich ihr zu verpflichten? Wie kann Sittlichkeit so strukturiert werden, daß Widersprüche und Subjektivität vermieden werden?

Das *dhammasaṅgani*, das erste Buch des *abhidhamma*, definiert die ethischen Grundwerte mit Hilfe dreier ausdrucksstarker und präziser Begriffe und steckt damit das zu behandelnde Gebiet genau ab. Diese Begriffe lauten *kusala*, moralisch, *akusala*, unmoralisch, und *abyākata*, amoralisch. Da willentliche Handlungen, *kammas*, immer entweder moralisch, unmoralisch oder amoralisch sind, je nachdem, ob ihnen Gier, Haß und Verblendung oder Gierlosigkeit, Haßlosigkeit und Unverblendetheit als Motivation zugrunde liegen, kann die Ethik des *kamma* natürlich auch nur mit Hilfe dieser ethischen Grundlagen definiert werden. Dementsprechend lautet die Antwort auf die Frage »Was ist gut?«: »Was auch immer *kusala* ist, ist gut!« Ebenso in bezug auf böse: »Was auch immer *akusala* ist, ist böse!« Und in bezug auf die dritte Möglichkeit: »Was auch immer *abyākata* ist, ist weder gut noch böse, ist amoralisch!«

Kusala hat viele Bedeutungen, die sich in seiner jeweiligen Auslegung ausdrücken, wie moralisch, geschickt, heilsam, gut, verdienstvoll, wohltätig oder fortschrittlich. Eine Handlung ist also heilsam, wenn sie Güte und Sittlichkeit fördert. Dies versichert einen des Fortschritts auf dem spirituellen Weg und unterstützt die Effektivität der spirituellen Praxis. Es steigert das Verdienst und trägt zur Weiterentwicklung und inneren Reinheit bei und führt so zu glücklichen Konsequenzen. Demnach ist eine Handlung dann gut, wenn sie tugendhaft ist.

Im Gegensatz dazu ist eine Handlung dann unheilsam, wenn sie zerstörerisch und nicht verdienstvoll ist. Sie beraubt einen der eigenen Werte und führt zu Degeneration. Sie behindert die Weiterentwicklung und Reinigung und macht einen uneffektiv. Sie führt zu schlechten Resultaten. Also kann man sagen, daß eine unmoralische Handlung böse ist.

In die Gruppe der amoralischen Handlungen gehören die

vipākas, Resultate von Handlungen und die *kriyas*, die nur funktionellen Zustände oder Handlungen. Da sie frei sind von ethischem Gehalt, sind sie amoralisch. Im *dhamma-saṅgani* heißt es:

Katame dhammā kusalā?
Tīni kusalamūlāni
Alobho, adoso, amoho.
Taṃ sampayutto vedanākkhando, saññākkhandho
Saṅkhārakkhando, viññṇakkhando.
Taṃ samuṭṭhānaṃ kāyakammaṃ, vacīkammaṃ,
manokammaṃ
Ime dhammā kusalā.

Katame dhammā akusalā?
Tīni akusalamūlāni
Lobho, doso, moho.
Tadekaṭṭhāca kilesā
Taṃ sampayutto vedanākkhando, saññākkhandho
Saṅkhārakkhando, viññṇakkhando.
Taṃ samuṭṭhānaṃ kāyakammaṃ, vacīkammaṃ,
manokammaṃ
Ime dhammā akusalā.

Katame dhammā abyākatā?
Kusalākusalānaṃ vipākā,
Kāmāvacarā rūpāvacarā arūpāvacarā apariyāpaṇṇā
Vedanākkhandho, saññākkhandho
Saṅkhārakkhando, viññṇakkhando.
Ye ca dhammākiriyā, neva kusalā nākusalā
Na ca kammavipākā
Sabbañca rūpaṃ,
Asaṇkhatā ca dhātu
Ime dhammā abyākatā.

Woraus entstehen moralische Handlungen?
Aus den drei Wurzeln
Gierlosigkeit, Haßlosigkeit und Unverblendetheit.
Alle mit ihnen verbundenen Zustände
des Aggregats des Gefühls, des Aggregats der Wahrnehmung,
des Aggregats der Geistesformationen, des Aggregats
des Bewußtseins
und alle Handlungen, welche aus ihnen entstehen,
körperliche Handlungen, verbale Handlungen und mentale
Handlungen,
bilden moralisches Handeln.

Woraus entstehen unmoralische Handlungen?
Aus den drei Wurzeln
Gier, Haß und Verblendung.
Alle mit ihnen verbundenen Verunreinigungen
des Aggregats des Gefühls, des Aggregats der Wahrnehmung,
des Aggregats der Geistesformationen, des Aggregats
des Bewußtseins
und alle Handlungen, welche aus ihnen entstehen,
körperliche Handlungen, verbale Handlungen und
mentale Handlungen,
bilden unmoralisches Handeln.

Woraus entstehen amoralische Handlungen?
Die Resultate moralischer und unmoralischer Handlungen
beeinflussen die Sphäre der Sinnesbegierden, die Sphäre des
feinstofflichen Körpers, die Sphäre des formlosen Bereichs,
das Transzendente.
Alle funktionellen Phänomene
des Aggregats des Gefühls, des Aggregats der Wahrnehmung,
des Aggregats der Geistesformationen, des Aggregats
des Bewußtseins,

welche weder moralisch noch unmoralisch sind,
noch das Ergebnis moralischer und unmoralischer Handlungen,
sind funktional.
Alles Körperliche und alles Ungeborene, nibbāna,
bilden die amoralischen Phänomene.

Eine Analyse dieses Textes ist höchst interessant und aufschlußreich. Was genau ist *kusala*, das Gute? Alles, was in Großzügigkeit wurzelt, in Wohltätigkeit, in Großmut, in gutem Willen, in Mitgefühl und Altruismus, in Weisheit, Einsicht, Klugheit und Verständnis, ist heilsam und verdienstvoll und daher gut. Alles, was mit diesen, in ihrer Natur vollkommen reinen, Motiven in Zusammenhang steht, also die vier Aggregate des Gefühls, der Wahrnehmung, der geistigen Formationen und die vielen Faktoren, welche das Bewußtseins, bilden, sind daher ebenfalls gut.
»In Zusammenhang stehen« bezeichnet hier, daß alles, was in Abhängigkeit voneinander entsteht und koexistiert auch abhängig und koexistent von den oben genannten Motivationen ist. Führt man alle Handlungen auf ihre Grundmerkmale zurück, so addieren diese sich zu einem bestimmten Bewußtseinszustand, der einer der vier weltlichen und überweltlichen Sphären angehört, also den drei weltlichen oder der transzendenten. Der Begriff *punya* steht für den inneren Wert oder den verdienstvollen Charakter von Taten und ist ein Synonym für *kusala*. Er bezeichnet den Aspekt des Schicksals, aus welchem das Netz des Lebens gewoben ist. *Punya* stattet das karmische Leben aus, denn durch den Verdienst, mit dem eine Person bekleidet ist wird sie zeitweilig in eine bestimmte Position versetzt und erfreut sich bestimmter Fähigkeiten und Privilegien. *Punya* stellt die wichtigsten Merkmale zur Verfügung, die ein Leben in einer bestimmten Existenzebene ermöglichen und es einzigartig und besonders machen. Wollte man *punya* mit ei-

nem modernen Industriebetrieb vergleichen, so würde es die Qualität der Maschinen bezeichnen, welche die Produktivität des Betriebes ausmachen. Das Gute, das einen bestimmten Existenzbereich auszeichnet, läßt sich anhand von bestimmten Handlungen, nämlich körperlichen, verbalen und geistigen Taten, erkennen. Sie sind die konkreten Manifestationen bestimmter Bewußtseinsebenen, die entsprechenden Existenzbereichen angehören und deren Wurzeln in den entsprechenden Motivationen liegen.

Eine Tat, ein Wort, ein Gedanke geht von einem bestimmten Bewußtseinszustand aus, welcher sozusagen die Kristallisation der vier Aggregate darstellt, die in den drei Arten von Motivationen wurzelt. Es ist interessant, festzustellen, daß Handlungen sich im Geist entwickeln und aus dem Geist entstehen. Selbst ein Gedanke, der sich, anders als Worte und Taten, nicht manifestiert, ist eine Geistesaktivität. Der Geist liegt allem zugrunde, alle Taten sind von ihm geschaffen. Obwohl ein heilsamer Bewußtseinszustand, *kusala citta*, und die sich aus ihm ergebenden Handlungen nicht zeitgleich auftreten, werden sie beide mit dem gebräuchlichen Begriff *kusala* bezeichnet, da man so den gesamten Bereich heilsamer Aktivität zusammenfaßt.

Was ist böse, *akusala*? Alles, was in Begierde, Besitzgier, Anhaftung und Egoismus, in Zorn, Feindschaft Grausamkeit und Abneigung, in Unwissenheit, Dummheit, geistiger Blindheit und verkehrten Ansichten wurzelt, ist unheilsam, nicht verdienstvoll und daher böse. Und alles, was aus diesen unreinen Motivationen erwächst, also die vier Aggregate, die in Form spezieller *akusala cittas* zutage treten, ist ebenfalls unmoralisch. Die sich daraus entwickelnden Handlungen sind gleichfalls unheilsam.

Der Begriff *pāpa*, ist ein Synonym von *akusala* und beschreibt nicht nur das Gegenteil von *punya*, sondern wesentlich mehr. Außer, daß er Leid im Hier und Jetzt verursacht und zur Wiedergeburt in jammervollen Existenzbereichen führt, hat er auch die innewohnende Kraft, den Menschen seiner inneren Werte zu berauben. Will man einen zeitgemäßen Vergleich ziehen, so könnte man sagen, daß die Umweltverschmutzung, bezüglich ihrer Zerstörungskraft und Gesundheitsschädigung, mit all ihren sozioökonomischen Schäden nicht halb so zerstörerisch und gefährlich ist, wie eine Verunreinigung des Geistes. Denn wie wir bereits festgestellt haben, formt der Geist alles. Wird der Geist verunreinigt und verseucht, so werden auch die Schöpfungen des Geistes, also alles, was menschliche Größe und Besonderheit ausmacht, wie etwa soziale Gemeinschaft, Kultur und Zivilisation, Religion, Kunst, Wissenschaft und Technik, ebenfalls beschädigt und zerstört. Deshalb werden die Motivationen, die aus ihnen entstehenden Verunreinigungen und Geistesfaktoren unter dem gemeinsamen Oberbegriff des Unmoralischen zusammengefaßt.

Und was ist amoralisch, *abyākata*? Die Resultate guter und schlechter Handlungen, wie sie in Form von Verdienst oder Verdienstlosigkeit in der Sinnenwelt, der feinstofflichen Sphäre und der formlosen Sphäre zutage treten und zur Wiedergeburt und einer Vielzahl von Lebenserfahrungen führen, guten wie schlechten, bezeichnet man als amoralisch. So sind manche Wesen langlebig, während andere kurzlebig sind, einige sind arm, andere reich, manche sind häßlich, manche sind schön, manche sind gesund, andere hingegen krank, kurz gesagt, alle angeborenen Ungleichheiten, die ethisch unnötig sind, sind grundsätzlich amoralisch.

Selbst die Wirkungen, *vipāka*, welche die überweltliche Dimension und deren transzendente Frucht, *phala cita*, betreffen, sind ohne moralischen Inhalt, da sie unfähig sind, selbst Wirkungen zu erzeugen. Der Ausdruck *apariyāpaṇṇa*, überweltlich, bedeutet wörtlich »was nicht inbegriffen ist in«, »was nicht dazu zählt zu« oder »was jenseits der Reichweite ist von« den drei weltlichen Bereichen ist. Wer diese transzendente Dimension erreicht, wird verwandelt und kann nicht wieder in die weltlichen Bereiche zurückfallen, in denen Ungleichheit, Wiederholung und Begrenzung herrschen. Dieser edle Heilige ist durch seine einzigartige Errungenschaft in der Lage, die zehn Fesseln des Lebensrades zu sprengen und sich so für immer von Geburt, Tod und Wiedergeburt zu befreien. Er wird zum *arahat*, der den Gipfel erklommen hat. Auch der *arahat* vollzieht Handlungen, doch diese erzeugen nicht länger Ergebnisse, denn sie sind nun rein funktional. Sie sind wie gekochte Samen, *khīnabīja*, die, obwohl von gleichem Aussehen wie normale Samen, doch nicht mehr reifen können. Es gibt noch andere Formen von funktionellem Bewußtsein, *kriya citta*, die unter die Kategorie amoralisch fallen, wie etwa alle Aspekte der Körperlichkeit und das ungeborene Element *nibbānas*. All die verschiedenen Gesichtspunkte, die unter dem Begriff amoralisch zusammengefaßt werden, haben die Gemeinsamkeit, daß sie grundsätzlich unproduktiv sind, anders, als dies bei den Begriffen moralisch und unmoralisch der Fall ist, welche Glück und Leid erzeugen, verdienstvoll oder nicht verdienstvoll sind, zu Fortschritt oder Degeneration führen, und zwar sowohl jetzt als auch später.

Nach der Erläuterung des buddhistischen Weges, ist es nun angebracht, zu untersuchen, warum man diesen Weg geht. Warum sollte man dem tugendhaften Pfad folgen? Der zwingende Grund, warum man sich der Sittlichkeit, *sīla*, und ethischen Reinheit widmen sollte, wird in zahlreichen Versen des Dhammapada beschrieben.

Wer Übles tut, der wird bekümmert sein,
in dieser Welt wie in der nächsten;
er wird Schmerz empfinden und bedrückt sein,
wenn er die Unreinheit seines Tuns erkennt.

Wer Gutes tut, der wird erfreut sein,
in dieser Welt wie in der nächsten;
er wird Freude empfinden und beglückt sein,
wenn er die Reinheit seines Tuns erkennt.

Wer Übles tut, der wird Leid erfahren,
in dieser Welt wie in der nächsten;
er wird Leid empfinden bei dem Gedanken an seine
bösen Taten
und noch viel mehr,
wenn er in die kummervollen Bereiche gerät.

Wer Gutes tut, der wird Freude erfahren,
in dieser Welt wie in der nächsten;
er wird Freude empfinden bei dem Gedanken an seine
guten Taten
und noch viel mehr,
wenn er in die freudvollen Welten kommt.

Sīla führt zu Freude, und zwar hier und jetzt genauso wie in zukünftigen Existenzen auf dem Pfad zur Erleuchtung. Jede Handlung, ob gut oder böse, erzeugt eine bestimmte Bewegung des Geistes. Der Zustand eines reinen Bewußtseins ist wie ein Wasserbecken, glasklar und ruhig. So, wie der Wind die Wasseroberfläche kräuselt, so löst auch eine Handlung eine Bewegung im Becken aus. Bedauern oder Schuldgefühle verfolgen den Bösewicht, wie geschickt er auch versuchen mag, den inneren Konflikt zu verstecken. Ein Unwohlsein sorgt für Aufruhr in seinem Geist und plagt und quält ihn. Sorgen, Zerstreutheit und ein zerrütteter Geisteszustand sind die Folgen unrechten oder fehlenden Bewußtseins, die das Leben zur Qual machen.
Die Befriedigung, welche guten Taten folgt, ist demgegenüber wie die große Stille nach einem Sturm oder die wun-

derbare Entspannung nach intensiver sportlicher Betätigung. Unzweifelhaft erzeugt auch eine gute Handlung eine Bewegung auf der Wasserfläche des Geistes, aber diese Bewegung fängt all die störenden kleinen Gegenbewegungen auf und führt zu größerer Harmonie und Freiheit im Geiste. Dies gilt ganz besonders für gute Taten, die mit Weisheit und meditativer Konzentration einhergehen. Im Dhammapada werden wir gewarnt:

Unverständige Dummköpfe
sind sich selbst der ärgste Feind,
denn ihr übles Handeln
trägt bittere Früchte.

Schlecht getan ist jene Tat,
die du später tief bereust
und als deren Resultat
du einst Tränen erntest.

Gut getan ist jene Tat,
die du später nicht bereust
und als deren Resultat
du einst Glück und Freude erntest.

Süß wie Honig erscheint sein Tun dem Toren,
bis es ihm endlich Kummer macht,
denn die üblen Taten,
sind sie erst einmal begangen,
tragen nicht immer gleich die Frucht,
so wie Milch, die nicht sofort sauer wird.
Doch leise schwelt es im Innern,
wie ein verborgenes Feuer unter der Asche.
Begeht der Dummkopf böse Taten,
erkennt er nicht ihre böse Natur.

Der Einfältige wird von seinen eigenen Taten gequält,
als seien sie ein Feuer, in dem er verbrennt.

So, wie eine Mutter, welche die Notwendigkeit einer gesunden Ernährung erkannt hat, ihrem Kind Milch zu trinken gibt, anstatt ungesunder Modegetränke, geradeso rät der mitfühlende Buddha dem, der auf der Suche nach der Wahrheit ist:

Beeile dich, Gutes zu tun,
und halte deinen Geist von Bösem fern.
Wer zögert, das Gute zu tun,
dessen Geist wird sich am Bösen erfreuen.

Hat jemand etwas Böses getan,
laß es ihn nicht wieder und wieder tun,
laß ihn keinen Gefallen daran finden,
denn voller Schmerz ist die Ansammlung von Bösem.

Hat jemand etwas Gutes getan,
laß es ihn wieder und wieder tun,
laß ihn daran Gefallen finden,
denn voller Glück ist die Ansammlung von Gutem.

Wohl mag ein Übeltäter Gutes erfahren,
solange die Frucht des Bösen noch nicht gereift ist.
Doch sobald diese Frucht reift,
wird er eben das Leid des Bösen erfahren.

Wohl mag ein guter Mensch Böses erfahren,
solange die Frucht des Guten noch nicht gereift ist.
Doch sobald diese Frucht reift,
wird er eben die Freude des Guten erfahren.

Unterschätze nicht das Böse,
denke nicht: Das trifft mich nicht.
Tropfen für Tropfen füllt sich der Krug,
wie sich der Dummkopf, Stück für Stück,
mit dem Bösen füllt.

Unterschätze nicht das Gute,
denke nicht: Das trifft mich nicht.
Tropfen für Tropfen füllt sich der Krug,
wie sich der Weise, Stück für Stück,
mit dem Guten füllt.
Weder im Himmel noch im Ozean,
noch im Inneren hoher Berge,
nirgendwo auf dieser Erde
gibt es irgendeinen Ort,
wo man sich verstecken könnte
vor den Folgen bösen Tuns.

Er selbst vollbringt die böse Tat,
aus ihm geboren und getan,
zerstört sie nun den dummen Mann,
so, wie ein Diamant den Kristall zerstört.

Leicht fällt es uns, die Dinge zu tun,
die schlecht und schädlich sind.
Aber äußerst schwierig ist es, die Dinge zu tun,
die gut und wohltätig sind.

Begehst du Böses,
so verunreinigst du dich selbst.
Begehst du nichts Böses,
so wirst du rein.
Reinheit und Unreinheit

hängen von dir allein ab,
und niemals kann ein anderer dich reinigen.

So wie Rost auf Eisen entsteht
und sich immer tiefer hineinfrißt,
nachdem es erst einmal entstand,
genauso wird der Sünder durch seine eigenen Taten
auf den Pfad des Leidens gelangen.

Der Kern der Sittlichkeit, *sīla*, ist Mäßigung, *saṃvara*. Wenn jemand nur sein eigenes Wohlergehen und Vergnügen verfolgt und voller Habgier, Abneigung und Stolz ist, dann ist es ihm schlicht unmöglich, die Grundsätze der Sittlichkeit einzuhalten und innere Reinheit zu erlangen. Das Heilsame und das Unheilsame können nicht gleichzeitig bestehen. Es kann keine Koexistenz von Gut und Böse geben. Man muß einen der beiden Standpunkte aufgeben, um den anderen erblühen zu lassen.
Selbstbeherrschung ist daher der Schlüssel zu moralischem Wachstum. Es ist notwendig, sich selbst immer wieder geschickt zu korrigieren und sein Verhalten genau zu beobachten, um all seine Bemühungen auf das Erreichen eines höheren und dauerhaften Zieles auszurichten, anstatt kleinliche Ziele zu verfolgen. Darum übermittelte der Buddha die Bedeutung der Sittlichkeit in folgenden Worten:

Mattā sukhapariccāgā,
Passe ce vipulaṃ sukhaṃ.
Caja mattā sukhaṃ dhīro,
Sampassaṃ vipulaṃ sukhaṃ.

Wenn du durch Verzicht auf kleines Glück
das erhabene Glück erfahren kannst,

dann sei weise und gib das kleine Glück auf
für das Erkennen des erhabenen Glücks.

Zuallererst festige dich selbst
in rechter Weise auf dem Weg.
Und dann erst lehre andere,
so wirst du niemandem schaden.

Du selbst bist dein eigener Beschützer,
wer sonst könnte dich wohl beschützen?
Selbstbezähmt erlangst du den Schutz,
der schwer zu erlangen ist.

Wenn jemand ernsthaft an der Lösung der vielfältigen Probleme des Lebens interessiert ist, wenn er bereit ist, den heiklen Versuchungen zu widerstehen und nicht den Weg des geringsten Widerstandes zu gehen, sondern statt dessen eine dauerhafte Lösung zu suchen, dann gibt es keinen anderen Weg als den, sich einer allumfassenderen Sichtweise zu öffnen. Sich mit schnell erreichbaren, kurzfristigen Annehmlichkeiten zufriedenzugeben ist nicht die richtige Lösung.

Der buddhistische Weg der Sittlichkeit besteht im Aufgeben weltlicher Ziele und lehnt alle Kompromisse ab, die nur dem eigenen Vergnügen, dem schnöden Mammon und allem, was den Geist verunreinigt. Es ist auch zwecklos, den Versuch zu unternehmen, anderen den rechten Weg aufzuzeigen, wenn man ihn selbst nicht gegangen ist. Wie uns die Welt erscheint, liegt daran, wie wir sie wahrnehmen, nicht daran, wie sie tatsächlich ist. Solange unser Geist von Bedingungen abhängig ist, nehmen wir die Welt so wahr, wie dieser Geist sie sehen will.

Der Mensch, gefangen im alltäglichen Existenzkampf und erdrückt durch sozioökonomische Zwänge und gesellschaftliche Konventionen, hat häufig beschädigte ethische Grundwerte. Das führt dazu, daß er nur schwer den Mut findet, sich recht zu verhalten. Der Erleuchtete, all der Fallstricke des Lebens sehr wohl bewußt, hat in seinem großen Mitgefühl den Suchenden auf dem Pfad der Wahrheit geraten, wachsam durchs Leben zu gehen. Der Weise teilt sein Leben in drei Abschnitte ein. Von der Geburt bis zur Jugend reicht die erste Periode; das mittlere Alter bildet die zweite, und was darauf folgt, die dritte. Da jugendliche Unreife und die Beschäftigung mit dem Lernen den jungen Menschen von einer effektiven Sittlichkeitspraxis abhalten, sollte er unbedingt in der zweiten Lebensphase versuchen, sie zu erfüllen. Hält ihn der Kampf um den Lebenserhalt auch in dieser Periode davon ab, dann sollte er sich in der dritten Lebensphase dem obersten Ziel der Selbstreinigung widmen. Dies ist das Beste, was man tun kann, wenn man sich selbst etwas bedeutet. Man sollte wachsam die eigene ethische Entwicklung beachten.

Der Palibegriff *paṭijaggeyya* beschreibt diesen moralischen Imperativ sehr treffend. Ein Krieger, der vom König beauftragt wurde, einen Landstrich zu beschützen, ist ununterbrochen wachsam und unternimmt alles in seiner Macht Stehende, um die Souveränität des Gebiets zu gewährleisten. Genauso sollte der nach Erleuchtung, *bodhi*, Strebende, ohne jemals den weltlichen Versuchungen zu erliegen, sich der sittlichen Vervollkommnung, *sīla bhāvanā*, widmen. Im *Dhammapada* heißt es dazu:

Wenn dir dein eigenes Wohl am Herzen liegt,
dann beschütze du dich selbst gut,
und wenn du weise bist, so widme
eine der drei Nachtwachen
der Übung der Achtsamkeit.

Vernachlässige nicht deine eigene Aufgabe,
selbst nicht für großes Wohl von anderen,
erkenne deine eigene Aufgabe,
und widme dich dem höchsten Gut.

Das soll natürlich nicht heißen, daß man sich erst am Ende seines Lebens, nachdem man es sich vorher so richtig hat gutgehen lassen, der spirituellen Praxis zuwenden soll. Die sogenannten guten Dinge des Lebens zu genießen führt zwangsläufig zu einem Anhaften an weltlichen Sinnenfreuden. In der folgenden Anspielung wird auf die unbedingte Notwendigkeit sittlichen Verhaltens hingedeutet. Blüht ein Bambus und bringt er Samen hervor, dann führt das zu seiner eigenen Zerstörung, ebenso verhält es sich auch mit den sogenannten »guten Dingen des Lebens«. Wird Sittlichkeit nur halbherzig praktiziert und den Bedürfnissen eines komplizierten Lebens angepaßt, dann ist das Ergebnis all der Mühe kaum wert. Die Widersprüche, die sich unvermeidlich aus solchen Kompromissen ergeben, mindern die Effektivität und berauben die Sittlichkeit all ihrer Kraft.

Gemäß den buddhistischen Lehren schützt man die Sittlichkeit nicht durch die Anpassung ihrer Inhalte an die Erfordernisse einer sich verändernden Welt. Man kann sie nur durch die genaue Befolgung ihres grundlegenden Inhaltes bewahren. Wahre Sittlichkeit ist von universellem Wert und zeitlos. Durch die ihr innewohnenden Qualitäten verfügt sie über eine Kraft und Effektivität, welche sie unter allen Umständen schützt. Die buddhistische Ethik bedarf daher keiner Anpassung an weltliche Veränderungen, um ihre Gültigkeit zu wahren. Sie erhält sie aus sich selbst heraus. Durch ihre Vollkommenheit ist sie niemals verloren. In den ethischen Gesetzmäßigkeiten, die der Buddha erkannte, gibt es keine Hilflosigkeit und keine Unzulänglichkeit.

Man sagt deshalb, daß *sīla* nicht nur bedeutet, das richtige zu tun, sondern daß wahre Sittlichkeit auch die Kraft hat, den, zu beschützen der sie befolgt. Das Befolgen buddhistischer Ethik führt nicht nur zu Rechtschaffenheit und Güte, es hat auch die Macht, alles Gute, Moralische und Rechte zu schützen, zu fördern und zu stärken. Selbst einfache, kaum gebildete buddhistische Praktizierende erkennen, daß *sīla* ihnen ein gutes Leben ermöglicht und ihnen die Kraft gibt, ihren Lebensstil auch zu verteidigen.

Sittliches Verhalten gibt Stärke und sichert einem weltlichen Erfolg. Im *dhammapada* heißt es, daß, wer voller Überzeugung seine moralische Reinheit aufrechterhält, mit Wohlstand und Anerkennung belohnt wird und daß er, welches Land er auch bereisen mag, überall geehrt wird. Das Gute strahlt weithin, wie die schneebedeckten Gipfel des Himalaja, und ein kostbarer Mensch ist überall beliebt und mächtig.

Tugendhaftigkeit ist der vorzüglichste aller Düfte, gleich dem süßen Duft von Lotus, Jasmin und Sandelholz. Doch die gewöhnlichen Düfte verbreiten sich nur mit dem Wind. Das Aroma der Tugendhaftigkeit jedoch durchdringt alle Richtungen und erreicht selbst die Götter. Dieser Vergleich verdeutlicht, daß reine Sittlichkeit die weltlichen Gesetze übersteigt.

Während soziale, politische, ökonomische, wissenschaftliche und technische Gesetzmäßigkeiten relativ sind und an Grenzen stoßen, transzendieren moralische und spirituelle Werte alle Begrenzungen und streben zum Absoluten. Der Tugendhafte erlangt wahre Größe, die alle Grenzen überschreitet.

Wer vertrauensvoll und sittlich
und hoch geehrt in Wohlstand lebt,

der wird, wohin er immer reisen mag,
geachtet und geehrt.

Die Guten leuchten aus der Ferne,
wie die Gipfel des Himalaja.
Die Niederträchtigen sind unsichtbar,
wie Pfeile in der Nacht.

Nicht einmal der süße Blütenduft
von Sandel, Oleander und Jasmin
verbreitet sich gegen den Wind.
Doch selbst dem Wind entgegen
verbreitet sich der Duft der guten Menschen
und erfüllt alle Himmelsrichtungen
mit seiner Tugendhaftigkeit.
Von all den Düften, Sandel, Oleander,
Blauer Lotus und Jasmin,
ist der Duft der Sittlichkeit
der süßeste.

Der wunderbare Duft
von Sandel und Jasmin
gelangt nicht weit.
Aber der Duft der Sittlichkeit
erhebt sich selbst bis zu den Göttern.

Wahre Güte ist also niemals unmodern oder unklar, sondern immer passend und fruchtbar. In dieser Welt hat jedes Lebensalter seinen eigenen Lebensstil, der das Verhalten und den Geschmack beeinflußt. Das Kleidungsstück oder Verhalten eines Kindes kann einem Menschen mittleren Alters scheußlich erscheinen. Der modische Haarschnitt eines jungen Mannes kann an einem alten Mann lächerlich wirken. Auch der Schmuck einer jungen Frau ist nicht

mehr passend für eine Großmutter. Dies ist der Generationenunterschied.
In scharfem Gegensatz zu diesem empirischen Gesetz steht die universelle Relevanz und Effektivität von *sīla*. So bildet beispielsweise das *pañca sīla* das aus fünf Grundregeln bestehende Rahmenwerk für alle Buddhisten, ungeachtet ihres Alters und Geschlechts und unabhängig von Zeit und Ort. Es gilt für alle Zeit und führt zu sofortigem Nutzen. Der Buddha lehrte:

Es ist gut, voller Sittlichkeit bis zum Lebensende zu leben.
Es ist gut, voll unerschütterlichen Vertrauens zu sein.
Es ist gut, Weisheit zu entwickeln.
Es ist gut, alles Böse zu vermeiden.

Wer also durch gute Taten
das Böse überwindet,
der erleuchtet diese Welt
wie der Mondschein die Nacht.

Es besteht nun die Notwendigkeit, ein allgemeingültiges System zu entwickeln, das einer Überprüfung durch bestimmte, dem Buddhismus eigene, Fragen standhält. Die diesbezüglichen Tests überprüfen,

- ob das buddhistische Prinzip des »Hier und Jetzt«, *sandiṭṭhiko,* zutrifft;
- ob dem buddhistischen Grundsatz der ehrlichen Überprüfung im Sinne von »komm und sieh selbst«, *ehipassiko* Rechnung getragen wird;
- ob ein »Vorgeschmack« auf die Freude des Transzendenten gegeben ist;
- ob eine, ansonsten unsichtbare, Qualität oder Gesetzmäßigkeit sichtbar zutage tritt.

Die Ethik des *kamma* wurde ausformuliert, um den Botschaften des Buddha, *sāsanā*, einen konkreten Ausdruck zu verleihen und seine Entdeckung nachvollziehbar zu machen. Die buddhistische Ethik bildet ein Rahmenwerk sittlichen Verhaltens, das in seiner Grundnatur von experimentellem Charakter ist und nicht etwa konzeptionell. Der Buddha wollte, daß durch diese Vorgehensweise seine eigenen höchsten spirituellen Erfahrungen nachvollziehbar würden. Es findet also mit Hilfe der oben genannten Fragen eine Verifizierung der eigenen Erfahrungen und Verhaltensweisen statt.

Der Träger karmischer Energie

Welche mentale Kraft oder welcher Faktor dient von Leben zu Leben als Träger der unverbrauchten karmischen Energie? Mehrere, sowohl psychische, wie physische, Faktoren bilden gemeinsam die Grundlage für einen kontinuierlichen Fluß karmischer Energie. Alles ist dynamisch, ganz besonders der Bereich des Geistes, und da karmische Energie vorwiegend geistiger Natur ist, ist sie natürlich ebenfalls dynamisch. Daher findet in diesem Zusammenhang die Metapher des Trägers Anwendung. Elektrizität benötigt einen Träger in Form von Übertragungsmaterial. Krankheiten bedürfen ebenfalls eines Trägers und Wirts. Karmische Energie braucht einen Träger, welcher sie bewahrt, bis sie zum Tragen kommt. Sie braucht einen Wirt, um in Form von Resultaten, wie Wiedergeburt, Glück, Unglück, Schönheit, Häßlichkeit, Intelligenz, Dummheit und so weiter, heranzureifen.

Jede Aktion führt zu einer Reaktion. Dies gilt ganz besonders für karmische Handlungen. Obwohl alle *kammas* Handlungen sind, sind nicht alle Handlungen automatisch *kammas*. Nur absichtsvolle Handlungen, also solche, die mit Absicht und willentlich vollzogen werden, sind *kammas*. Unfreiwillige, unbewußte, mechanische oder unbeabsichtigte Handlungen sind keine *kammas*.

Alles Leben entsteht aus Handlungen körperlicher, sprachlicher oder geistiger Art, aber nicht alle Handlungen führen zur endlosen Fortsetzung des Existenzkreislaufs. Nur karmische Handlungen erzeugen Leben und Wiedergeburt. Absichtsvolle Handlungen bilden das Herzstück allen Lebens und stehen daher im Mittelpunkt der Lehren des Buddha.

Im Buddhismus wird der Träger karmischer Energie genau beschrieben und seine Wirkungsweise erläutert. *Jīvitindriya* nennt man die Kraft, die den Evolutionsprozeß in Gang hält. Sie ist sowohl geistiger wie körperlicher Natur. Geistig äußert sie sich als eine Begleiterscheinung des Bewußtseins, *sabbacittasādhārana*, als geistiger Faktor, welcher in allen Bewußtseinsstufen vorhanden ist. Sowohl in den verunreinigten wie in den verfeinerten, von den unterbewußten, funktionalen Ebenen bis zu den tiefenbewußten und transzendenten Existenzebenen.

Auf der körperlichen Ebene bezeichnet *jīvitindriya* jenes vitale biologische Element, welches den genetischen Code enthält und andere biologische Eigenheiten bestimmt, die physisch nicht beeinflußbar sind. Dazu zählen unter anderem die angeborenen Körperfunktionen wie der Stoffwechsel oder die Umwandlung von Nahrung in körpereigene Substanzen. *Jīvitindriya* bedeutet wörtlich Lebenskraft oder Lebensfähigkeit. Es bezeichnet die Fähigkeit oder ursprüngliche Kraft, *indriya*, welche die karmischen Eindrücke in lebendige Manifestationen, *jīvita*, verwandelt und in ein System einbindet. So wie der Stoffwechsel Nahrung in eine biologische Körperkomponente verwandelt, so werden karmische Eindrücke als geistiger Input eingeführt, aufgenommen und in psychische Aktivität verwandelt.

Karmische Eindrücke werden mit Hilfe einer bestimmten mentalen Aktivität aufgezeichnet, die man als registrierendes Bewußtsein, *tadārammana*, bezeichnet. Sie werden, sozusagen, dem *jīvitindriya* eingeprägt und bestimmen damit den genauen Verlauf der Evolution.

Jīvitindriya nimmt nicht nur den Eindruck einer Handlung auf, sondern speichert ihn auch ab. Die dynamische Aufzeichnung der ursprünglichen Kraft bestimmt das Schicksal. Was der Buddhismus als Geist oder Bewußtsein bezeichnet, ist ein sehr komplexer Gegenstand. Es ist eine Einheit von Energien, die man zu Recht als Kraftpaket bezeichnen könnte, mit einer stattlichen Reihe mentaler Faktoren oder

Eigenarten die sich *cetasikas* nennen. Aus diesen mentalen Bestandteilen setzt sich der Geist zusammen. Jeder von ihnen verfügt über eine bestimmte Funktion und hat eine ihm eigene Kraft. *Jīvitindriya* ist einer dieser geistigen Faktoren, und seine Funktion besteht darin, die gesamte Einheit zu beleben. Dadurch verleiht *jīvitindriya* den karmischen Eindrücken Leben.

Jedesmal wenn eine karmische Handlung in Taten, Worten oder Gedanken vollzogen wird, hinterläßt sie im Bewußtsein einen Eindruck. Die angesammelten Eindrücke bilden die Kraft, aus der sich das psycho-physische Muster formt, das wir Leben nennen. Wenn sich dieses Muster materialisiert, repräsentiert es das Leben, wie wir es kennen.

Wenn *jīvitindriya* in erster Linie ein geistiger Faktor ist und Träger aller karmischen Energien, wie kann es dann in sich zwei, sich gegenseitig ausschließende ethische Eigenschaften vereinen? Wenn heilsame Taten aktiv sind, wo befinden sich dann die unheilsamen Strömungen, *āsavas*? Wenn *āsavas* nicht gemeinsam mit *kusala citta* existieren können, woher kommen sie dann?

Ebenso, wenn das unterbewußte Lebenskontinuum, *bhavaṅga citta*, welches sich auf der menschlichen Daseinsebene aus *kusala kamma* ergibt, fließt, wo finden dann die *akusala* oder bösen Neigungen ihren Halt? Die Gegenwart des einen bezeichnet die Abwesenheit des anderen. Ist diese logische Schlußfolgerung richtig, so stellt sich die Frage, was mit den *āsavas* geschieht, während *bhavaṅga* oder *kusala cittas* aktiv sind. Das *abhidhamma* sagt hierzu, daß das Unheilsame, *akusala*, solange es inaktiv schlummert, als potentielle Kraft auf der körperlichen Ebene, *rūpajīvitindriya*, vorhanden ist. Geist und Körper können bezüglich belebter Zustände nie voneinander getrennt werden, außer zum Zweck intellektueller Untersuchungen. Da sie koexistent und voneinander abhängig sind, können sie auch in Beziehung zueinander treten und sich gegenseitig beeinflussen. Deshalb kann, obwohl *kusala* und *akusala* auf der geistigen Ebene einander ausschließen, auf der körperlichen Ebene *akusala* noch als Potential schlummern, das aktiviert wird, sobald die passenden Umstände vorhanden sind.

Man kann also sagen, daß die vitale Kraft der körperlichen Ebene als Speicher für die vitale Kraft der geistigen Ebene, *nāmajīvitindriya*, fungiert.

So, wie elektrische Energie in einer Batterie gespeichert wird und sich durch das Umlegen eines Schalters aktivieren läßt, so existieren auch die *āsavas* oder das schlafende Böse potentiell im *rūpajīvitindriya*. Sie werden aktiviert und durchdringen die geistige Ebene, sobald die Bedingungen für das Erscheinen eines unheilsamen Bewußtseins gegeben sind. Das Erscheinen von *akusala* wird durch unterstützende Umstände, *upaṭṭtānasamaṅgi*, für das Erwachen des schlummernden bösen Potentials unterstützt. Außerdem kann sich das Böse als potentielle Kraft nicht nur im *jīvitindriya*, sondern auch in allen anderen *indriyas* der körperlichen Ebene, nämlich den fünf Sinnesorganen und den Geschlechtsorganen, zeigen.

Bleibt man bei dem Vergleich mit der Batterie, so kann man sagen, daß die Batterie, wenn sie die Maschine erst einmal in Gang gesetzt hat, von dieser wieder aufgeladen wird und sich so der Kreislauf schließt. Ist ein *akusala citta* erst einmal aufgetaucht, so nährt es weitere, wodurch böse Neigungen, sowohl auf der geistigen wie auf der körperlichen Ebene, am Leben erhalten und verstärkt werden.

Das Tückische an samsarischer Existenz ist, daß sie in diesen einander in Gang haltenden Kreisläufen von Gut und Böse gefangen ist. Diese unterstützen das Anwachsen alles Weltlichen und fördern dadurch das Entstehen unheilsamer Prozesse. Selbst die sogenannten guten oder die unbestimmten, neutralen, Bewußtseinszustände, die eigentlich *sāsava* sind, können böse Bewußtseinszustände, *āsava*, hervorrufen.

Wenn jemand die heilsame Handlung des Gebens vollzieht, *dāna*, und dabei selbstbewußt denkt, wie großzügig er doch ist, und daraufhin seine Gabe mit der anderer vergleicht, dann verfällt er in Egozentrik und Selbstherrlichkeit. So wird ein unheilsamer Zustand von einem heilsamen bedingt. Das *abhidhamma* bezeichnet dies als das Entstehen eines unheilsamen Zustandes aus einem heilsamen.

Wir haben uns bisher also folgende Fragen gestellt: »Wo befinden sich *kammas*? »Wo überdauert böse karmische Energie während der Aktivität guter Bewußtseinszustände?«

Nun ist der richtige Zeitpunkt, den Zusammenhang zwischen *kamma* und Charakter zu untersuchen. Während bewußte Handlungen ihren Eindruck im Geist hinterlassen, nehmen bestimmte als Karmaformationen, *saṅkharā*, bezeichnete Muster Stück für Stück Gestalt an. So entsteht der Charakter aus den Handlungen. Der Charakter führt zu unaufhörlicher Aktivität, die ihrerseits wieder endlose Handlungsmuster produziert. So entsteht der Teufelskreis des Werdens durch endlose Wiederholung, *āsevanāpaccaya*. Sich ständig wiederholende Handlungen formen den Charakter, der immer weitere Handlungen vollzieht und so das Rad des Werdens antreibt. Das Rad des Werdens ist zeitlos und verkörpert die endlose Wiederkehr von Geburt und Wiedergeburt.

Das Gesetz vom *kamma* erklärt, daß Leben das psychobiologische Ergebnis einer endlosen Ursache-Wirkung-Kette ist. Dies finden wir wunderschön und gut verständlich in den Erläuterungen des Buddha in der Lehrrede vom abhängigen Entstehen, *paṭicca samuppāda*. Das *paṭicca samuppāda* erläutert anhand von zwölf voneinander abhängigen Faktoren, wie das vergangene Leben das momentane her-

vorbringt, welches wiederum das zukünftige gestaltet. Dies ist ein sehr komplexer Mechanismus, in dem viele verschiedene Faktoren zusammenspielen.
Häufig wird angenommen, daß sich das Ursache-Wirkung-Prinzip nur auf die zeitliche Abfolge bestimmter Vorgänge bezieht. Das *paṭicca samuppāda* verweist jedoch nicht nur auf eine Aufeinanderfolge von Ursache und Wirkung, sondern zeigt auch die Gleichzeitigkeit und gegenseitige Abhängigkeit bestimmter Prozesse auf. So wie die drei Beine eines Dreifußes gleichzeitig dafür sorgen, daß der Stuhl nicht umfällt, genauso wirken die zwölf Glieder des abhängigen Entstehens. Sie formen das Leben im Strom der Zeit, der Vergangenheit, Gegenwart und Zukunft. Diese Faktoren sind durch vielfältige Beziehungen und Bedingungen miteinander verknüpft. Das abhängige Entstehen, auch als bestimmtes Zusammenwirken bezeichnet, ist ein Kreislauf von tiefgreifender philosophischer, psychologischer und ethischer Bedeutung, der alle Extreme deutlich macht. Er negiert zum Beispiel die extremen Auffassungen von Vorbestimmung oder Fatalismus einerseits und von übernatürlicher Schöpfung andererseits.
Es gibt in Indien zahlreiche geistige Strömungen, die an Karma und Wiedergeburt glauben. Verschiedene hinduistische Schulen, die Sikhs und die Jainisten glauben, wie die Buddhisten, an Karma und Wiedergeburt, aber mit einem fundamentalen Unterschied. Alle diese Richtungen postulieren die Existenz eines weiteren Phänomens, genannt Seele, *ātmā*, Selbst oder Ego, das sich unverändert von Leben zu Leben fortsetzt. Sie glauben, eine Person könne, aufgrund ihrer Handlungen, *kammas*, als Hund oder als Gott wiedergeboren werden. Trotz dieser tiefgreifenden Veränderungen der Lebensmuster halten sie die Seele, *ātmā*, für ein unveränderlich von Leben zu Leben fortdauerndes Kontinuum. Und nur wenn das *kamma* erschöpft ist, wird

die Seele erlöst und verschmilzt mit dem Göttlichen, *paramātmā*. Diese Befreiung wird unterschiedlich bezeichnet, etwa als *moksha*, *kaivalya* oder *nirvāna*. Die Erschöpfung des *kamma* erreicht man, nach Meinung dieser Traditionen, nicht durch eigene Anstrengung, sondern durch den Willen eines göttlichen Wesens oder die Gnade eines Heiligen oder eines anderen übernatürlichen Wesens.

Die Theorien sind verwirrend und unlogisch. Um eine Erklärung für das Phänomen der Wiedergeburt zu finden, wird erst einmal eine Art Verbindung (Seele) angenommen, die unsterblich ist und dadurch das endliche Leben überdauern kann. Hat man so eine dauerhafte Entität in einem sich ständig wandelnden Umfeld geschaffen, findet man sich unversehens in einem endlosen Strom treibend wieder. Durch ein aufgrund der Annahme der Existenz einer Seele unbeabsichtigt erschaffenes endloses Leben ist man gezwungen, seine Existenz als Fessel zu empfinden, als etwas zutiefst Unbefriedigendes und Leidvolles.

Um sich aus dieser unbefriedigenden und widersprüchlichen Situation herauszuwinden, trifft man eine ebenso willkürliche Annahme: Man kann nur durch die Zuflucht zu einer göttlichen Gnade oder zu übernatürlichen Mächten der karmischen Verstrickung entrinnen.

Hält man sich nur an das einfache Prinzip des bedingten Entstehens, so überwindet man all diese Schwierigkeiten und vermeidet unsinnige Widersprüche. Es ist nicht so, daß es keine Götter gäbe. Tatsächlich gibt es unzählige göttliche Wesen mit unvorstellbaren Kräften. Diese göttlichen Wesen sind tatsächlich in der Lage, den Menschen zu helfen, so wie ein starker Mann einem schwachen helfen kann. Im Buddhismus wird die Existenz von Göttern und Himmelreichen nicht bestritten, der Buddhismus weist jedoch die Theorie einer göttlichen Schöpfung oder der Fremdbestimmung des menschlichen Schicksals durch übernatürliche Kräfte weit von sich. *Kamma* ist eine Gesetzmäßigkeit, die nicht der Mithilfe anderer Quellen, ob menschlich oder göttlich, bedarf.

Der Buddhismus bestreitet auch nicht die Existenz eines Ego als solchen, aber es lehnt die Vorstellung von einer unveränderlichen, ewigen Seele göttlichen Ursprungs ab. Theorien von einer Seele oder Gottesschöpfung sind vom Geist geschaffene Konzepte. Sie können nicht rational bewiesen und bestätigt werden, noch sind sie bei der Erklärung des Phänomens Leben von Bedeutung.

Das Ego ist ein geistiger Faktor, der nicht geleugnet werden kann. Es ist sehr offensichtlich wahrnehmbar als Quelle aller menschlichen Wünsche und Begierden, des Verlangens und Hasses, der Eifersucht und Boshaftigkeit, der Verblendung und Unwissenheit. Das Ego ist eines jener Geistesgifte, durch die sich die Wesen in den Kreislauf von *kamma* und Wiedergeburt verstricken. Das Selbst oder Ego ist die Grundlage alles Bösen. Es ist die Grundsubstanz aus der die Verstrickung gewoben ist, es muß völlig ausgerottet und zerstört werden. Dieses den Geist beschmutzende, Abhängigkeit erzeugende Ego, diesen Feind des Menschen zu glorifizieren, indem man es als Seele bezeichnet und für unsterblich und von göttlichem Ursprung hält, hieße, das Schlechte zu verewigen. Daher ist der Versuch, das Ego zu festigen, indem man es in einen philosophischen oder theologischen Zusammenhang stellt, der schlimmste aller Fehler und die dümmste aller Dummheiten.

Atmā ist die Überhöhung des Ego, seine Glorifizierung, Theologisierung und Idealisierung. Wenn der Geist durch eine derart dogmatische und unrealistische Vorstellung konditioniert wird, ist es kein Wunder, daß er sich automatisch dem Fatalismus, der Vorhersehung und Gotteshörigkeit zuwendet. Selbst die schlimmsten Verbrechen werden dann als Gottes Wille bezeichnet. Heilsames moralisches Verhalten, die Anstrengung, den Geist zu entwikkeln und zu reinigen, das Erwecken überweltlicher Potentiale, die den karmischen Kreislauf durchbrechen, werden so auf dem Altar blinden Gottesglaubens geopfert.

Es muß noch einmal betont werden, daß der Buddhismus die Vorstellung von einem Schöpfergott zwar ablehnt, aber sehr wohl die Existenz von Göttern und ihren Kräften akzeptiert. Es gibt nicht den einen Gott, aber es gibt Götter. Glaubt man an Götter und Gottheiten, so heißt dies nicht, daß der eigene spirituelle Fortschritt von ihnen abhängig ist. Der eigene spirituelle Fortschritt basiert nur auf der persönlichen Anstrengung, dem Streben nach spiritueller Vollkommenheit und der Hingabe an das Ideal von *nibbāna*, nach der Befreiung aus den Ketten *samsāras*.

Ebenso lehnt der Buddhismus die Theorie einer unsterblichen Seele göttlichen Ursprungs ab, während er das Ego als empirische Realität, die ihren Ursprung in der Unwissenheit hat, durchaus anerkennt. Die Existenz eines Ego anzuerkennen bedeutet nicht, von ihm abhängig zu sein. Es ist nicht einmal ein notwendiges Übel. Es muß entfernt werden. So wie das Anerkennen des *kamma* nicht bedeutet, daß man sich dem Schicksal ergeben muß, sondern daß es notwendig ist, es zu überwinden, so verhält es sich auch mit dem Ego.

Kommen wir zurück zur Bedeutung der Wiederholung, die das karmische Rad in Bewegung hält und zur Wiedergeburt führt. Es muß klargestellt werden, daß Wiederholungen an sich nicht unheilvoll sind. Sie sind eher unpersönlicher Natur. Was zählt ist, worauf sie gerichtet sind. Wenn eine psychologische Ausrichtung durch das Wiederholen unheilsamer Handlungsmuster geschaffen werden kann, dann kann durch die Wiederholung heilsamer bewußter Handlungsmuster auch ein Kreislauf des Friedens entstehen, der die böse Vorherbestimmung beendet. So wie die Ruhe die Bewegung beendet, kann eine bewußte gute Handlung bei stetiger Wiederholung den Kreislauf geistiger Befleckung, *kilesa*, beenden. Dies kann so zur Beendigung des Kreislaufes von *kamma* und seiner Wirkungen führen, was die Beendigung der Existenz der Phänomene an sich bedeutet.

Die *kamma*-Formationen bilden den Charakter. Sie legen falsche Fährten in die riesige Wüste *samsāras*, die in eine endlose Zukunft führen. Man nennt die unheilsamen *kamma*-Formationen deshalb auch die kargen Wege in zukünftige Leben. Wohlgetane heilsame *kamma*-Formationen hingegen werden zu dem friedvollen Pfad, welcher zum endgültigen Frieden führt. Legt jemand diesen Pfad an und folgt ihm unbeirrt, so atmet er den Hauch der Freiheit mit jedem Schritt.

Außerdem bildet sich die übernatürliche Fähigkeit heraus, mit deren Hilfe man rückblickend alle vergangenen Leben erkennt. Die Erinnerung an seine vergangenen Leben ermöglicht es einem, die unerschütterliche spirituelle Vollendung zu erlangen, die zukünftiges Wandern in *samsāra* ein für allemal beendet. Auf diese Weise löst sich *kamma* in dem Moment auf, in dem man seine Bedeutung vollkommen erfaßt. Wie man mit der einen Hand die andere säubern kann oder wie man mit einem Dorn einen anderen entfernen kann oder wie ein Gift ein anderes neutralisiert, so kann eine Sorte von *kammas* einer anderen entgegenwirken. Durch wiederholtes Ausführen heilsamer Handlungen entsteht ein Zyklus heilsamer *kamma*-Formationen, der die Ausrichtung auf Vollkommenheit und Freiheit fördert. Auf diese Weise wirkt man unheilsamen Handlungen und der Neigung zur Wiederholung unheilsamer *kamma*-Formationen entgegen, die zu Leiden und Verstrickung führen.

Jivitindriya könnte man mit dem perfekten Mikrofilm eines genetischen Codes vergleichen. Geht man richtig da-

mit um, ermöglicht einem, dem edlen Pfad der Entwicklung heilsamer *kamma*-Formationen zu folgen.
Häufig hört man das scheinbar rationale Argument, daß wir, da wir weder in die Vergangenheit, noch in die Zukunft sehen können, auch nicht bestätigen können, daß es vergangene oder zukünftige Leben überhaupt gibt. Diese kantsche Argumentation, daß, da ich weder die Vergangenheit noch die Zukunft kenne, sie auch nicht existieren, ist irreführend und unwahr. Es ist wirklich absurd, denn selbst die leiseste Ahnung davon, wie unsere Erinnerung arbeitet, setzt diese Unwahrheit außer Kraft. Selbst in materialistischen, skeptischen, wissenschaftlichen Kreisen ist wohlbekannt, daß Kenntnisse auf Spezialgebieten eine gewisse Disziplin und spezielle Werkzeuge, Fähigkeiten und Informationen erfordern. Um etwa Arzt zu werden, muß man sich einem jahrelangen Universitätsstudium unterziehen, sich täglich viele Stunden lang der praktischen Arbeit widmen, große Mengen an Material sammeln, viele Prüfungen bestehen und intensiv im Krankenhaus arbeiten. Nur dann kann man Arzt werden. Wenn bloßes Wissen aus Büchern genügen würde, könnte jeder Arzt werden.
Um die Fähigkeit zu erwerben, sich an vergangene Leben zu erinnern oder die Zukunft vorherzusehen, bedarf es ebenfalls bestimmter Methoden und einer Menge harter Arbeit. Es bedarf der moralischen Reinheit und der Entwicklung des Geistes auf seinen vielfältigen Ebenen. Es bedarf auch der Enthaltsamkeit von Sinnesfreuden und der Überwindung der Besitzgier. Ohne die Entwicklung von Leidenschaftslosigkeit oder wenigstens Distanziertheit findet der Geist keinen Zugang zu jener Ebene, deren Erreichen allein die Möglichkeit eröffnet, einen Blick zurückzuwerfen auf die vergangenen Leben oder eine Vorauskenntnis der Zukunft zu erlangen.
Die Hingabe an Sinnesfreuden und die Gier nach sexueller

Befriedigung schwächen das Bewußtsein und bringen es in einen Zustand der Verwirrung. Ein schwacher Geist kann die Fähigkeiten, die nötig sind, um sich an die Vergangenheit zu erinnern oder die Zukunft vorherzusehen, nicht entwickeln. Ebensowenig wie man von einem schwachen Körper die gleichen Leistungen erwarten kann wie von einem starken, kann ein schwacher Geist die Erkenntnisse hervorbringen, die ein kraftvoller Geist erlangt. Ein Geist, der nicht darin geübt und dahin gehend kultiviert wurde, sich an die Vergangenheit zu erinnern, ist unfähig, solche Kenntnisse zu erlangen.

Unachtsamkeit führt zu einem endlosen Sich-im-Kreis-Drehen zu trockener Intellektualität. Unachtsamkeit ist das Fehlen jener Aufmerksamkeit, ohne die Konzentration und Einsicht nicht kultiviert werden können. Wollten gelehrte und gebildete Menschen mit all ihren vielfältigen Begabungen ihren Geist in der Erinnerung an vergangene Leben schulen, ohne zuvor Achtsamkeit in der Meditation entwickelt zu haben, würde das zu ungeheurer Anspannung führen. Ein in der Meditation geübter Mensch dagegen, der die Fähigkeit der Achtsamkeit, Konzentration und Einsicht entwickelt hat und dadurch ein intuitives Verständnis gewonnen hat, kann problemlos die Erinnerung an vergangene Leben in seinem Geist wachrufen, ohne daß Verwirrung oder Anspannung entsteht.

Der Erhabene Buddha bezeichnete den spirituell ungeübten, an Sinnesfreuden gewöhnten, besitzergreifenden Geist als *papañca*. Dieser Begriff aus dem *Pāli* bedeutet Mannigfaltigkeit, Weitschweifigkeit oder Zerstreuung. Ist der Geist einer großen Zahl von Eindrücken ausgesetzt, gerät er leicht ins Wanken und wird von flüchtigen Bildern abgelenkt, und zerstreut, die wie Wolken den Horizont verdunkeln. Ist der Geist zerstreut, wird die Aufmerksamkeit abgelenkt und die Erinnerung verschwimmt.

Ist eine Straße durch Unrat blockiert, so gibt es kein Durchkommen. Ist der Pfad der Erinnerung durch eine Vielzahl von Eindrücken vernebelt, dann ist keine höhere Erkenntnis und keine besondere Leistung möglich. Auch gefühlsmäßige Verstrickungen beflecken den Geist und schwächen die Erinnerung. Vom Anbeginn der Zeit waren es die geistigen Befleckungen, *kilesas*, welche die Wesen an den Kreislauf von Karma und Wiedergeburt fesselten. Dies werden sie tun, bis der Geist aus ihrem festen Griff befreit wird. Wie ein Transistor nicht funktionieren kann, so seine Batterien nicht aufgeladen sind, solange bleibt auch der Geist kraftlos und kann keine höheren Fähigkeiten entfalten, wie etwa in die Zukunft oder in die Vergangenheit zu schauen. Um die Fähigkeit zu entwickeln, sich an frühere Leben zu erinnern, *pubbenivāsānussati*, zu entwickeln und damit auch die derzeit wirksamen karmischen Verbindungen zu erkennen, ist es unabdingbar, zunächst ethische, geistige und spirituelle Reinheit zu entwickeln. Auf *Pāli* werden sie als *sīlavisuddhi* bezeichnet, womit jene Reinheit und Sittlichkeit gemeint ist, die durch das Praktizieren sittlichen Lebenswandels verwirklicht wird. *Cittavisuddhi*, die Reinheit des Geistes, führt zu *samādhi*, einem Zustand hochempfindlicher, ekstatischer Wahrnehmungsfähigkeit. *Jānavisuddhi*, die Reine Einsicht, entsteht durch das Praktizieren von *vipassanā*, der Weisheitsmeditation, welche zur wahrhaften Erkenntnis der Vier Edlen Wahrheiten führt.

Wir kennen bereits den Begriff der *kamma*-Bildung, mit dessen Hilfe sich erklären läßt, wie Charakter und Veranlagung in diesem Leben gebildet werden, um dann die angeborenen Eigenheiten und Neigungen des nächsten Lebens zu bilden. Wir kennen ebenfalls den Begriff der Wolkenbildung, welcher den Prozeß beschreibt in dessen Verlauf sich aus formlosem, schwebendem Dampf Gebilde dicker, schwerer Sturmwolken bilden, die dann als Gewitter, Regen oder Unwetter niedergehen. Man kann sich die *kamma*-Bildung so vorstellen, daß sich aus gelegentlichen, verstreuten *kamma*-Eindrücken definierte, feste Muster, Neigungen und Eigenheiten entwickeln. Diese kommen als Handlungszwang zum Ausdruck, sobald sich die Gelegenheit bietet.

Um die Wirkungsweise von *kamma*-Eindrücken wirklich zu verstehen, muß man die Beziehung zwischen dem Gedanken und dem Denken, dem Denken und der Rede sowie dem Denken und Handeln klar erkennen. Wenn wir etwas Gutes oder Schlechtes denken, sagen oder tun, setzen wir eine Folge von Eindrücken bezüglich des bedachten Objektes in unserem Geist in Bewegung. Jeder Gedanke, jedes Wort und jede Handlung setzt eine Vielzahl solcher Eindrücke in Bewegung und läßt sie vor dem geistigen Horizont dahintreiben wie Wolken.

Jedem gesprochenen Wort gehen zahlreiche Gedanken und Geistesaktivitäten voraus, und auch jede körperliche Handlung beinhaltet vielfältige geistige Handlungen. Wenn man etwas sagt oder tut, hat man zuvor bereits daran gedacht. Die Sprache und die körperlichen Handlungen sind lediglich der sichtbare Ausdruck der Gedanken. Im Tagesverlauf sagen und tun wir viele Dinge, daß heißt, wir entwickeln auch unzählige Gedanken. Wir tendieren dazu, das Gedachte, Gesagte oder Getane neu zu beleben und es, im Sinne einer Wiederholungs-Bedingung, *āsevanā paccaya*, im Geist zu wiederholen. So bilden sich feste karmische Muster. Die ansammelnde Kraft dieser Formationen bildet die Grundlage, aus der sowohl die guten wie die schlechten Motivationen entstehen, um sich dann mit zwingender Konsequenz zu äußern. In *Pāli* bezeichnet man die Motivation als die Wurzel, *hetu*, der guten, *kusala* und schlechten, *akusala*, Handlungen, *kamma*. Die essentielle Funktion der »Lebensfähigkeit«, *jivitindriya*, besteht im Bewahren und

Übertragen der Informationen dieser »Kraft-Station«, wann immer die passenden Umstände gegeben sind.

Jivitindriya läßt sich als das Medium oder den Träger bezeichnen, mit dessen Hilfe die karmische Energie von einem Leben zum nächsten getragen wird. Wie dies vor sich geht, ist eine umstrittene Frage, denn wie bereits erwähnt, glauben Buddhisten nicht an eine unveränderliche Seele oder *ātmā*, welche die Verbindung zwischen einem Leben und dem nächsten herstellt. Während in anderen Religionen eine Seele oder *ātmā* das verbindende Prinzip verkörpert, sieht der Buddhismus die Welt der Phänomene und das Leben als etwas Veränderliches, in ständigem Fluß Befindliches.

Das Leben ist ein Strom unzähliger Bewußtseinsmomente, wobei der vorangegangene die gesamte karmische Energie an den nächsten weitergibt. So wird die karmische Energie, die das Leben hervorbringt und antreibt, in einer Kette gegenseitiger Abhängigkeit weitergegeben. Leben und Sterben sind vergängliche Ereignisse, die einander unaufhörlich folgen. Man kann also sagen, daß man, während man lebt, ständig stirbt, denn jeder Augenblick ist ein Sterben und Widergeborenwerden. Die Existenz ist etwas Augenblickliches. Was wir den Tod nennen, dramatisiert lediglich die Augenblicklichkeit und Veränderlichkeit. Wenn das *kamma,* welches zur Entstehung einer physischen Existenz führte, seinen Kreislauf vollendet hat, wenn es ausgereift ist, dann erreicht es auch seinen Endzustand in der Form des Todes. Hat sich die karmische Energie erschöpft, so löst sich auch der Körper auf, um der Entstehung einer neuen psychophysischen Kombination, einem neuen Leben, Raum zu geben. Die Folge von Tod und Wiedergeburt unterscheidet sich also absolut nicht von der Folge eines Moments auf den vorhergegangenen, dem Entstehen und Vergehen von Augenblick zu Augenblick während der sogenannten Lebensspanne. Das Leben erscheint irrtümlicherweise als fest und einheitlich, obwohl es tatsächlich nur eine Abfolge von Augenblicken ist. Der geistige Strom fließt so unvorstellbar schnell, daß seine Bewegung uns statisch erscheint.

Betrachtet man es aus dieser Perspektive, so fällt es nicht schwer, *jivitindriya*, das ja ein geistiger Faktor ist, als den Träger der karmischen Energie im Geistesstrom zu erkennen. *Jivitindriya* hat verschiedene Funktionen. Zunächst einmal nimmt es die karmischen Eindrücke auf. Dann wandelt es diese Eindrücke derart um, daß sie zu bestimmten Resultaten existenzieller Art heranreifen können, etwa in Form von Wiedergeburt oder bestimmter glücklicher oder schmerzhafter Lebenserfahrungen.

Der Kristall eines Transistors nimmt die Klangenergie auf, speichert sie und gibt sie wieder. Auf die gleiche Weise nimmt *jivitindriya* welche karmische Energie auf, speichert sie und bringt sie zur Reife, so daß sie sich als bestimmtes karmisches Resultat, *vipāka*, äußern kann.

Man könnte auch sagen, daß *jivitindriya*, als Träger der karmischen Energie, die vitale Lebenskraft darstellt, aus der das Leben oder die Wesen entstehen, die dann wiederum als Wirt dieser Energie dienen. *Jivitindriya* bedeutet wörtlich übersetzt »die Fähigkeit« oder »ursprüngliche Kraft«, *indriya*, die die karmischen Eindrücke belebt, *jīvita*, und so einen Lebenszyklus in Bewegung setzt. Wenn die karmische Energie Früchte trägt, wird ihr Ergebnis selbst zum Wirt und erschafft weitere *kammas*. Dadurch wird die Ursache-Wirkung-Kette unendlich fortgeführt, und am Ende ist nicht mehr nachvollziehbar, wer zuerst da war, die Henne oder das Ei. Der Vergleich mit dem Wirt weist auf die psychologische Bedeutung des Vorgangs hin.

Dieses vitale Prinzip ist jedoch mehr als nur ein Auffangbecken, in dem die karmische Energie bewahrt und aktiviert wird. Es löst auch unaufhörlich mentale Aktivität aus und hält den bewußten und unbewußten Denkprozeß in Gang. Tatsächlich ist das Denken nur möglich, weil der Geist ständig mit der angesammelten karmischen Energie aufgeladen wird. Genau wie eine entladene Batterie keine Energie mehr erzeugt, erzeugt ein karmisch entladenes *jivitindriya*, wie das eines *arahats*, eines erleuchteten Schülers des Buddha, auch keine karmische Aktivität mehr. Solange das Denken fortläuft folgen auch die anderen beiden karmischen Ausdrucksformen der Rede und Handlung. So wird der Strom karmischer Energie am Fließen gehalten und treibt so den Lebensprozeß an.

Um diesen Strom zum Stillstand zu bringen und ihn auszutrocknen, hat der Erhabene Buddha den dreifältigen Mittleren Weg von *sīla*, der moralischen Reinheit, *samādhi*, der meditativen Konzentration, und *paññā*, der ursprünglichen Weisheit gelehrt. Der Mittlere Weg transzendiert alle Extreme und verwandelt die stürmischen Wellen karmischer Energie in einen kraftvollen Energiestrom zur Entfaltung jener Weisheit, die den Geist von allen Fesseln befreit.

Eine interessante Erfahrung ist, zu beobachten, wie die Gedanken den Körper formen und kontrollieren. Es sind nicht die Gefühle oder Empfindungen, noch sind es die Wahrnehmungen oder irgendwelche anderen mentalen Aktivitäten, die den Körper bewegen, sondern einzig und allein das willentliches Handeln *kamma*, also die karmische Energie, die dies tut. Wenn *jivitindriya* und Wille, *cetanā*, gemeinsam auf mentale Aktivitäten und Denken einwirken, dann bringen sie die für sprachliche und körperliche Äußerungen, *viññattī*, bis hin zur kleinsten körperlichen Bewegung notwendigen Motivationen mit.

Ein toter Körper ist so reglos wie ein Stein. *Jivitindriya* und *cetanā* vollbringen gemeinsam das Wunder, Bewegungen jeder Art so zu manipulieren, wie es keine Maschine und kein Computer je könnte. Empfindungen und Gefühle von Freude und Schmerz sind zweifellos beeindruckend und manchmal sogar überwältigend, trotzdem können diese zeitlich begrenzten Erfahrungen den Körper weder bewegen noch kontrollieren. Nur durch Intention und das Ausführen karmischen Wollens wird diese tote Struktur lebendig und bewegt sich. Genauso verhält es sich mit anderen wichtigen mentalen Faktoren, wie der Wahrnehmung, der Aufmerksamkeit usw.

Das karmische Erbe

Wie kommt es dazu, daß jeder Mensch ein ganz bestimmtes Temperament besitzt? Was genau sind die Quelle und der Ursprung dieser Charakterzüge? Welche Rolle spielt die Herkunft in diesem eingebetteten psychischen Mechanismus?

Grundsätzlich ist das Temperament ein angeborenes, mentales Gebilde und daher karmischer Herkunft. Um sich eines Begriffes aus der Medizin zu bedienen, könnte man sagen, daß es sich um einen kongenitalen (angeborenen) Faktor handelt. Der Unterschied ist aber, daß dieses Gebilde mit Hilfe angemessener spiritueller Übung verändert, abgeschwächt und sogar umgewandelt werden kann. Das karmische Erbe gleicht einem genetischen Code, bestehend aus karmischer Energie, die von einem Leben zum nächsten weitergegeben wird. *Kamma*, das absichtsvolle Handeln, beinhaltet auch die ethischen Komponenten des eigenen Verhaltens und Handelns. Also bildet die weitergegebene karmische Energie auch das moralische Erbe der geistigen Veranlagung eines Menschen.

Eine absichtsvolle Handlung, ob heilsam oder unheilsam, ob gut oder schlecht, hat genau definierte moralische Wurzeln, die sie hervorbringt und unterstützt. Es gibt sechs solche Wurzeln, drei heilsame und drei unheilsame. Diese sind *lobha*, Gier; *dosa*, Haß; und *moha*, Verblendung; sowie *alobha*, Gierlosigkeit; *adosa*, Haßlosigkeit; und *amoha*, Unverblendetheit.

Wenn eine oder mehrere dieser Wurzeln eine Person zu absichtsvollem Handeln motiviert, dann bildet dieses *kamma* einen Baustein des Charakters dieser Person. Gemäß dem *visuddhimagga* liegt der Ursprung, *nīdāna*, des Temperaments in vergangenen karmischen Gewohnheiten, *pubbā-*

cinna, also in einem gewohnheitsmäßigen Handlungsmuster. Begeht eine Person gewohnheitsgemäß kammas, die in Gier, Haß und Verblendung wurzeln, dann legt sie weitere psychische Grundlagen für solche *kammas* und formt so die Umrisse der eigenen Persönlichkeit.

Ist beispielsweise Gier die motivierende Kraft im Ansammeln der Wiedergeburt erzeugenden *kammas*, *janaka*, dann werden diese Handlungen den Menschen in eine Person mit gierigem Temperament verwandeln. Ebenso verhält es sich mit heilsamen Handlungen, die zum Beispiel aus Gierlosigkeit entstehen. Es ist bedeutsam, daß Gierlosigkeit nicht lediglich aus der Abwesenheit von Gier besteht, sondern die Anwesenheit positiver Faktoren wie Verzicht, Großzügigkeit, Aufopferung usw., beinhaltet, die jegliche Form von Gier negieren. Genauso wie Licht weit mehr ist als die bloße Abwesenheit von Dunkelheit oder Gesundheit nicht nur im Fehlen von Krankheit besteht, so bezeichnen Gierlosigkeit, Haßlosigkeit und Unverblendetheit machtvolle, heilsame Motivationen. Diese Motivationen äußern sich in der Ausbildung positiver Charaktereigenschaften, wie *saddhā* und *buddhi caritas*, und in der Entstehung hingebungs- und vertrauensvoller, intelligenter und kluger Temperamente.

Das *visuddhimagga* bietet eine klare Analyse der Charaktereigenschaften mit Hilfe der ethischen Wurzeln, die im Moment der Ansammlung Wiedergeburt erzeugender *kammas* vorliegen. Ein Beispiel: Wenn zu dem Zeitpunkt, zu dem ein *janaka*, Wiedergeburt erzeugendes *kamma*, begangen wird, Gier, Haßlosigkeit und Unverblendetheit stark sind, während Gierlosigkeit, Haß und Verblendung schwach sind, dann wird das daraus hervorgehende Temperament das eines gierigen Menschen sein, der jedoch auf Grund von Haßlosigkeit und Unverblendetheit gutmütig und intelligent ist. Es setzt sich immer der stärkste Faktor durch. Wenn zu dem Zeitpunkt, zu dem ein *kamma* begangen wird, eine bestimmte Wurzel vorherrscht, so bilden die Ergebnisse solcher Handlungen eine deutliche Prädisposition. Aus der Kombination und Mischung positiver und negativer Wurzelbedingungen entsteht eine Vielzahl von möglichen Persönlichkeitsmustern.

Bilden zum Beispiel Gier, Haß und Unverblendetheit die vorherrschenden Motivationen, so wird das daraus resultierende Persönlichkeitsmuster das eines gierigen und übellaunigen Menschen sein, der jedoch sehr intelligent ist. Um es ganz deutlich zu sagen: Wenn ein Mensch absichtlich und aus selbstsüchtigen Gründen aggressiv handelt, sich aber keine Illusionen bezüglich seiner Handlungsweise macht, also keine falschen Erklärungs- und Rechtfertigungsversuche unternimmt, und wenn er häufig derart handelt, dann führt das zwingend dazu, daß er eine Disposition für gieriges und unleidliches Verhalten schafft, obwohl er recht intelligent ist. Zum Zeitpunkt des Todes, wenn ein solcher Mensch aufgrund vieler glücklicher Umstände erneut im menschlichen Bereich wiedergeboren wird, bringt er seine Disposition, die auf karmischen Gewohnheiten basiert, in Form seines Temperaments in das neue Leben mit.

Herrschen während der Ansammlung Wiedergeburt erzeugender *janaka kammas* Gier, Verblendung und Haßlosigkeit vor, während Gierlosigkeit, Unverblendetheit und Haß schwach sind, so wird die Person ein gieriges und stumpfsinniges Temperament besitzen, aber von gutmütiger und wenig aggressiver Natur sein.

Sind die drei unheilsamen Motivationen, Gier, Haß und Verblendung, stark, während die drei heilsamen, Gierlosigkeit, Haßlosigkeit und Unverblendetheit, schwach sind, dann wird das Ergebnis ein Mensch sein, der gierig, zornig, haßerfüllt und dickköpfig ist.

Sind Gierlosigkeit, Haß und Verblendung stark ausgeprägt und Gier, Haßlosigkeit und Unverblendetheit schwach, dann bildet sich daraus das Temperament eines unbestechlichen Menschen, der nicht in Versuchung zu führen, jedoch aufgrund seines starken Hasses und seiner Verblendung überkritisch, rachsüchtig und voller dummer Selbsttäuschung ist.

Sind Gierlosigkeit, Haßlosigkeit und Verblendung starke karmische Muster und Gier, Haß und Unverblendetheit eher schwach, dann ist das resultierende Persönlichkeitsmuster das eines großzügigen Menschen, dessen Geist unberührt von Besitzgier ist und der ein freundliches, liebevolles und sympathisches Wesen besitzt, dessen starke Verblendung ihn jedoch dumm und tölpelhaft macht.

Sind Gierlosigkeit, Unverblendetheit und Haß stark, Gier Verblendung und Haßlosigkeit jedoch schwach, wird das Ergebnis der angehäuften *kammas* eine gebefreudige und großzügige Persönlichkeit sein, die intelligent und von tiefem Verständnis, aber leicht zu erzürnen und übel gesinnt ist.

Wenn die Wiedergeburt erzeugenden *kammas* in den drei heilsamen Wurzeln Gierlosigkeit, Haßlosigkeit und Unverblendetheit gründen und Haß, Gier und Verblendung schwach sind, dann wird der Mensch im Besitz sehr heiliger Qualitäten sein. Ausgestattet mit ursprünglicher Weisheit, wird sein Geist scharfsinnig und voller Verständnis sein. Ein solcher Mensch ist großherzig, voller Liebe und Hingabe, ohne jede Abneigung. Ein solches Individuum nennt man *tihetuka*, gesegnet mit den dreifach heilsamen Wurzeln, die sein Bewußtsein stärken und ihn vor den unzähligen Stolpersteinen schützen, die den Pfad des täglichen Lebens pflastern.

Die Vielzahl menschlicher Neigungen kann von dreifach unterschiedlicher Intensität sein, nämlich sanft, mittel und stark. Eine *tihetuka*-Persönlichkeit, die starke heilsame Wurzeln besitzt, kann, wenn sie recht auf dem Pfad des *dhamma* geleitet wird, bestimmte *jhānas*, übersinnliche Vertiefungen, *samāpattis*, übernatürliche Fähigkeiten und *magga-phalas*, den überweltlichen Pfad und die Frucht erreichen.

Gemäß der Intensitätsskala wird der mittlere Typ weniger Möglichkeiten haben als der starke und mehr als der sanfte. Mit Anstrengung und Ausdauer kann der mittlere Typ übernatürliche Fähigkeiten erlangen, der sanfte Typ bedarf eines standfesten Strebens und unerbittlicher Entschlossenheit, um höhere spirituelle Stadien zu erreichen. Je stärker das Streben ist, um so besser sind die Möglichkeiten spiritueller Verwirklichung.

Duhetuka, Menschen mit zwei heilsamen Wurzeln und mit weniger *amoha*, tendieren zu Einfältigkeit oder gar geistiger Zurückgebliebenheit. Da ihnen die grundlegende Intelligenz fehlt, werden sie von ihrem Instinkt und ihren Emotionen geleitet und lassen sich durch blinden Glauben, Liebesabenteuern und ähnliches davontragen

Karma und Temperament

Was genau ist das Temperament? Es gibt auf *Pāli* drei bestimmte Ausdrücke, die diesen Begriff erklären.

1. *Sabhāva*, was für einen »natürlich« ist. Die bestimmte Veranlagung eines Menschen beziehungsweise ihre essentiellen Qualitäten.
2. *Pakati*, die innere Natur oder angeborene Tendenz eines Individuums.
3. *Carita*, ein Charakterzug, der ein Individuum ausmacht.

Als Temperament bezeichnet man also die spezielle Individualität eines Menschen, wobei gewisse Tendenzen angeboren sind, während andere erworben werden. Das Temperament enthält beide. Jeder Mensch hat ein bestimmtes Temperament, etwas, was ihn einzigartig macht und von anderen unterscheidet. Menschen können die gleichen Qualitäten haben, aber es gibt nicht zwei Menschen mit dem gleichen Temperament.

Basierend auf den Temperamenten läßt sich die menschliche Persönlichkeit in sechs Typen einteilen. Drei davon gehören zu den dunkleren Seiten der Persönlichkeit und drei reflektieren die helleren.

Der Mensch ist eine Mischung aus gut und schlecht, und niemand ist vollkommen gut oder schlecht. Wenn eine bestimmte Facette der Persönlichkeit die anderen dominiert, bewertet man die Person entsprechend dieser Eigenschaft. Manchmal scheinen gut und schlecht gleichgewichtig zu sein, aber selbst dann bezeichnet die Eigenschaft, die häufiger oder effektiver zu funktionieren scheint, den Typ. Die meisten Temperamente sind eine Kombination verschiedener Richtungen.

Versteht ein Mensch die Natur seiner Persönlichkeit, kann er ein sinnvolles Leben führen, seine spirituellen Bemühungen werden fruchten, und er gewinnt Einsicht in die menschliche Natur, was ihm bei seinen alltäglichen Verrichtungen hilfreich ist.

Die sechs Temperamente sind folgende:

Rāgacarita, der Begehrliche. Menschen dieses Typs sind durch unterschiedliche Nuancen begehrlicher Tendenzen charakterisiert, wie Habgier, Gier, Begierde, Egoismus, Anhaftung, Verlangen usw. Ein von Gier bestimmter Geist wird von den weltlichen Dingen angezogen und haftet an ihnen. Der gierige Typ neigt zu allen Arten von Begierde und Habgier. Dieser Mensch ist ununterbrochener Unzufriedenheit ausgeliefert. Ist der Geist unzufrieden, so folgt daraus Frustration, und das führt zu Angst, Qual und Unglück. Also ist Angst die natürliche Konsequenz der Begierde. *Rāgacaritta*-Persönlichkeiten, die zwischen Begehren und Angst hin- und her geworfen werden, fühlen sich stets unwohl in ihrem vergeblichen Bemühen, alle ihre Wünsche zufriedenzustellen. Es entsteht ein Teufelskreis, in dem sich sowohl die angeborenen wie die erworbenen Tendenzen verfangen.

Dosa carita, der Gehässige. Jene, die diese Disposition besitzen, neigen zu Bösartigkeit, Abneigung, Verbitterung, Zorn und Unverschämtheit. Häufig sind sie arrogant und neigen zu Ungerechtigkeit. Verbitterte Menschen stoßen andere, selbst Freunde, mit ihrer irritierbaren Natur leicht vor den Kopf und werden schnell rebellisch und aufrührerisch. Gefühle wie Bitterkeit, Ungeduld, Widerwillen, Verbitterung, Streitsucht, Angriffslustig und weiter unschöne Eigenschaften bezeichnen Menschen mit einem haßerfüllten Temperament. Während der begehrlichgeartete Typ nach dem Besitz von Dingen hungert, ist der von Abneigung bestimmte gehässiggeartete Typ sein genaues Gegenteil. Die beiden Temperamente stehen für Anziehung und Abwehr.

Mohacarita, der Verblendete. *Moha* bezeichnet geistige Blindheit. Solche Menschen werden charakterisiert durch unterschiedlichen, Schattierungen von Täuschung, Unwissenheit, Verwirrung, falschem Wissen, Dummheit, Illusionen, Selbstbetrug, Phantasie, fehlender Weisheit usw. Eine verblendete Person muß nicht unbedingt ungebildet und ungelehrt sein. Gerade gelehrte und intelligente Menschen können zutiefst verblendet sein.

Wer immer die Wahrheit verzerrt oder das Wesentliche für unwesentlich hält, ist verblendet. Unwissenden und dummen Individuen fehlt es an Verständnis, und sie mißverstehen die Dinge leicht. Verblendetgeartete Typen neigen zu Zweifeln und Ruhelosigkeit im Geist. Häufig sind sie zynisch und halten ihre skeptische, zweiflerische Art für Rationalismus. Ihr ständiges Hinterfragen und Nachforschen verwirrt sie und verstärkt ihren Egoismus, sie verfangen sich in diskursivem Intellektualismus.

Saddhācarita, der Vertrauensvolle. Im Buddhismus basiert der Glaube auf der unerschütterlichen Überzeugung, die aus Wissen und Erfahrung resultiert. Fester Glaube, der in Weisheit wurzelt, erzeugt einen Zustand des Vertrauens und inneren Gefestigtseins, der alle Unruhe und Zweifel ausräumt. Menschen mit einem gläubigen Temperament sind von natürlicher Ergebenheit und rechtschaffen, sie sind überzeugt und vertrauensvoll bezüglich der Wahrheiten des *dhamma*. Während *rāgacarita* durch die Anziehungskraft weltlicher Dinge gekennzeichnet ist, zeigt sich *saddhācarita* im Angezogensein von religiösen und spirituellen Dingen. Eine Person von gläubigem Temperament ist offen für die Wahrheit und empfänglich für spirituelle Werte. Der emotionale Unterschied der Anziehungskraft, die *rāgacarita* und *saddhā-*

carita kennzeichnen, repräsentiert die helle und die dunkle Seite der Persönlichkeit. Deshalb werden religiöse Menschen häufig Opfer ihrer eigenen Habgier und ihres Neides. Meditierenden, die sich in buddhistischer Meditation üben, wird daher verdeutlicht, daß Glaube mit Weisheit einhergehen muß, damit die Hingabe an das religiöse und spirituelle Leben nicht zu Dogmatismus degeneriert.

Buddhicarita, der verständnisvolle, intelligente Typ. Wer mit natürlicher Intelligenz ausgestattet ist, den bezeichnet man als *buddhicarita*, von klarem und schnellem Verstand. Wenden sich solche Menschen dem spirituellen Leben zu, sind sie klug und weise; befassen sie sich mit weltlichen Dingen, sind sie lediglich gescheit und intellektuell. Für die spirituelle Weiterentwicklung benötigt man Einsicht, nicht bloß Intelligenz, Intuition statt Intellektualität, Weisheit, nicht Rationalität.

Intelligenz, Rationalität und Begabung – alle diese Eigenschaften sind nützliche Werkzeuge, mit denen man sein Leben in dieser Welt meistern kann. Doch die *Buddhicarita*-Persönlichkeit kann sehr trocken und abschätzig sein, es kann ihr an Wärme fehlen, obwohl sich ihre Intelligenz immer weiter entwickelt und ihr Scharfsinn und ihr Verständnis ständig wachsen. Während *Dosacarita*-Persönlichkeiten zu Zorn und Ablehnung tendieren und Abneigung gegen Dinge und Menschen entwickeln, neigen *Buddhicarita*-Persönlichkeiten zu Ernüchterung und Distanziertheit und entwickeln eine immer stärkere Ablehnung gegenüber Unwahrheiten und weltlichen Eitelkeiten. Während die einen Individuen und Dinge verabscheuen, lehnen die anderen bestimmte Eigenschaften ab. Them, sowohl für die Dosacarita-, wie die *Buddhicarita*-Persönlichkeit sind Abscheu und Aversion. Während eine haßerfüllte Persönlichkeit, den verabscheut, der ihr Böses tut, lehnt eine intelligente Persönlichkeit das Böse an sich ab.

Vitakkacarita, der geistig unruhige, diskursive oder spekulative Typ. Der diskursive Typ neigt zu ideologischen, theologischen oder metaphysischen Spekulationen. Solche Persönlichkeiten stellen Untersuchungen an und verlieren sich in mutmaßlichen Meinungen und Theorien, sie lieben Debatten und Streitgespräche. *Vitakkacarita*-Typen verlieren sich in diskursivem Denken, das zu weitschweifigen dialektischen Mutmaßungen führt. Sie glauben, gelehrt, rational und wissenschaftlich zu sein. Doch in Wirklichkeit basiert ihr Wissen auf leeren Worthülsen, und sie unterliegen der gleichen Art von Verwirrung und Unwissenheit wie der verblendete Charaktertypus. Beiden Persönlichkeitstypen ist die Neigung zu einem umwölkten Geist eigen, dem einen aufgrund von Verblendung, dem anderen aufgrund von Diskursivität.

Das Erkennen der Temperamente

Das *visuddhimagga*, das als fundiertes Lehrbuch für buddhistische Meditation bekannt ist, enthält genaue Richtlinien zum Erkennen menschlicher Typen und zur korrekten Identifikation des jeweiligen Temperaments. Man erkennt das Temperament an der Haltung des Individuums, daran, wie es handelt, ißt, Objekte betrachtet usw., und daran, wie häufig Geisteszustände auftreten, zu denen ein bestimmtes Temperament neigt. Sowohl gierige wie auch gläubige Temperamente haben ähnliche Merkmale und ähnliche Handlungsmuster. Genauso verhält es sich mit haßerfüllten und intelligenten Temperamenten.
Ein Mensch, der der ersten Gruppe, der *rāga-saddhā*, angehört bewegt sich üblicherweise vorsichtig, setzt seine Schritte langsam und sanft. Seine Schritte sind maßvoll und haben einen federnden Rhythmus. Er steht und sitzt auf selbstbewußte und anmutige Weise und ist nicht unruhig. Er legt sich ohne Eile und bedacht zum Schlafen nieder und schläft tief und ruhig. Er wacht nicht plötzlich auf, sondern so, als sei er überrascht, und er antwortet langsam und überlegt.
Persönlichkeiten, die der zweiten Kategorie angehören, gehen, als wollten sie mit der Fußspitze graben. Sie setzen ihre Schritte schnell und mit Drehungen, ihr Gang wirkt schlurfend. Sie sitzen und gehen steif. Wenn sie sich schlafen legen, bereiten sie ihr Lager hastig, werfen sich nieder und schlafen unruhig mit einem säuerlichen Gesichtsausdruck. Sie stehen schnell auf und antworten ungehalten.
Individuen, die der dritten Gruppe, *moha-vītakka*, angehören, haben einen wirren Gang. Sie setzen ihre Schritte zögerlich. Wenn sie stehen und gehen, wirken sie durcheinander. Sie legen sich unbeholfen nieder und schlafen

meistens mit dem Gesicht nach unten. Wenn sie erwachen, erheben sie sich träge von ihrem Lager.
Von allen menschlichen Aktivitäten sind die der Sinnesorgane, *indriya*, nämlich sehen, hören, riechen, schmecken, berühren und denken, die, welche unsere ursprüngliche Herkunft aufzeigen und unser Glück und Leid in diesem Leben und den folgenden bestimmen.
Indriya spielt eine entscheidende Rolle beim Erscheinen vergangener *kammas*, die das Begehen neuer *kammas* bedingen und damit den Kreislauf von Ursache und Wirkung in Gang halten. Es beeinflußt das Leben in seiner Gesamtheit von der Vergangenheit über die Gegenwart bis in die Zukunft. Der Erhabene Buddha lehrte daher, daß die Beherrschung der Sinne die einzige Waffe gegen das endlose Fortlaufen des, durch Ursache und Wirkung angetriebenen, Existenzrades sei. Richtet man seine Achtsamkeit auf die Sinneswahrnehmungen, so führt dies zu einer erfolgreichen Abkehr von *samsāra*, hin zu fortschreitend höheren spirituellen Stufen, die in der letzten transzendenten Freiheit, *nibbāna*, münden.

Sittlichkeit II

Wie bereits erwähnt, finden die ethischen Grundlagen in *kammas kammapatha* ihren Ausdruck, also in *kammas,* die durch Handlungen in Taten, Worten und Gedanken entstehen. Es gibt heilsame, *kusala*, Handlungen, die man durchführen sollte und unheilsame, *akusala*, Handlungen, derer man sich enthalten sollte. Töten, Stehlen und Ehebruch bilden die drei unheilsamen Handlungen des Körpers, *kāyakamma*. Lügen, Nachrede, grobe Worte und unnützes Geschwätz bilden die vier unheilsamen Handlungen der Sprache, *vacīkamma*. Habgier, Übelwollen und falsche Ansichten bilden die drei unheilsamen Handlungen des Geistes, *manokamma*.

Man setzt den Begriff *kamma* häufig mit *citta*-Bewußtsein gleich, um seine psychologische Bedeutung noch zu unterstreichen.

Man unterscheidet zwölf unheilsame *kammas,* die in den drei Existenzbereichen, *kāma-*, *rūpa-* und *arūpaloka,* herrschen, die auch als unheilsame *cittas* bezeichnet werden, wovon acht in Gier, *lobhamūlika*, zwei in Haß, *dosamūlika*, und zwei in Verblendung/Unwissenheit, *mohamūlika*, wurzeln.

Außerdem gibt es einundzwanzig heilsame, *kusala, kammas* oder *cittas*, von denen vier überweltlich, *lokuttara*, und siebzehn weltlich, *lokīya*, das heißt den drei *lokas* oder weltlichen Existenzbereichen zugehörig, sind. Die *lokuttaras* gehören keinem bestimmten Existenzbereich an, können aber von jedem der drei Existenzbereiche aus erreicht werden, denn es handelt sich bei ihnen um *ñāṇas*, Erkenntnis.

Von den siebzehn *lokiyas* sind acht *kāmāvacara kusalas*, daß heißt dem Bereich der Sinnesbegierden zugehörig, fünf sind *rūpāvacara*, der feinkörperlichen Sphäre zugeordnet, und vier sind *arūpāvacara*, also der unkörperlichen Sphäre zugehörig. Von den acht *kāmāvacara kusalas* sind vier *duhetuka*, daß heißt, sie gründen nur in *alobha* und *adosa*, während die restlichen vier sowie die neun *rūpa* und *arūpa kusalas tihetukas* sind, das heißt in allen drei *kusala*-Wurzeln gegründet, also *alobha*, *adosa* und *amoha*.

Gemäß der Seinslehre des *kamma*, die sich mit dem Gebundensein, *bandhana*, und der Befreiung, *nibbāna*, befaßt, binden die *akusala kammas* die Wesen an den Existenzkreislauf von Tod und Wiedergeburt, so wie die Seidenraupe durch ihr spinnen sich ihr eigenes Gefängnis spinnt und dort den Tod findet. *Kusala kammas* hingegen reinigen die Wesen, führen zur Erlangung spiritueller Einsicht und letztlich zur völligen Befreiung. *Kusalas* entfernen die geistigen Trübungen, als seien diese ein Stachel, den man aus dem Fleisch zieht, und helfen dadurch der Einsicht, *ñāṇa*, die endgültige Befreiung herbeizuführen.

Die Vierteilige Analyse

Im *abhidhamma*, in dem die Dinge vom Standpunkt der letzten Wirklichkeit aus betrachtet werden, wird *kamma* in der vierteiligen Analyse folgendermaßen erläutert:

1. gemäß seinen Funktionen, *kiccavasena;*
2. gemäß seinen relativen Auswirkungen, das heißt der Art, Stärke und Ausformung, in der es sich auswirkt, *pākadānapariyāyena*
3. gemäß dem Zeitpunkt, welchem entsprechend es sich auswirkt, *pākakālavasena;*
4. gemäß dem Ort, an welchem die Auswirkung stattfindet, *pākaṭhānavasena*;

Diese Klassifizierung bindet *kamma* in ein psycho-ethisches System ein.

Die Funktionen

a. *Janaka kamma*: Wiedergeburt erzeugende Handlung
b. *Upatthambhaka kamma*: unterstützende Handlung
c. *Upapīlaka kamma*: unterdrückende Handlung
d. *Upaghātaka kamma*: zerstörende Handlung

Die Funktionen des Wiedergeburt erzeugenden *kamma* sind:

1. ein Wiedergeburts-Bewußtsein, *paṭīsandhi viññāṇa*, zu erzeugen, welches eine Existenzform mit der nächsten verbindet;
2. das Fortlaufen des unbewußt fließenden Lebenskontinuums, *bhavaṅga*, zu unterstützen;
3. die fünf Arten von resultierendem Sinnesbewußtsein, Augen-Bewußtsein ... zu erzeugen.

Das unterstützende *kamma* unterstützt alle Funktionen des Wiedergeburt erzeugenden *kamma,* welche zur Geburt in einer neuen Existenz führen. *Shwe Zan Aung* vergleicht in einem Artikel *janaka kamma* mit der Mutter, die das Kind gebiert, und *upatthambhaka* mit der Amme, die es nährt. Wird jemand in Wohlstand geboren, so verdankt er dies *janaka kamma,* führt er sein Leben in Wohlstand fort, so liegt dies an *upatthambhaka kamma.*

Unterdrückendes *kamma* schwächt, stört, unterbricht oder vermindert das Reifen von *janaka kamma* durch die Störung der Funktionen des *upatthambhaka kammas. Janaka kamma* kann jedoch nur zur Wirkung kommen, wenn es durch *upatthambhaka kamma* unterstützt wird. Deshalb kann sich, wenn *upapīlaka kamma* eingreift, die Wirkung der beiden ersten *kammas* in erheblichem Maße verändern oder abschwächen. Ein starkes *upapīlaka kamma* kann leicht die negativen Auswirkungen eines *akusala upatthambhaka kamma* abschwächen und dadurch auch die des vorangegangenen *akusala janaka kamma.* Als Beispiel könnte man sich einen Hund vorstellen der, aufgrund seiner Verdienste, das Glück hat, besonders gut behandelt zu werden, und dadurch viel von der Angst und dem Schmerz mildern kann, unter welchen seine Artgenossen gewöhnlich zu leiden haben.

Zerstörendes *kamma* ist wesentlich kraftvoller als unterdrückendes. Es kann ein unterstützendes *kamma* völlig vernichten und in dessen Gegenteil verwandeln. Es handelt sich hier um ein sehr starkes, extrem gutes oder schlechtes *kamma.*

Entsprechend ihrer Wirkungsweise ist also das erste, *janaka kamma*, immer passiv, während die drei übrigen sowohl passiv als auch aktiv sein können.

Sie wirken entweder als schlummernde karmische Kraft aus der Vergangenheit, *kamma-samaṅgi*, die zum Tragen kommt, wenn die richtigen Bedingungen herrschen, oder als aktives *kamma* des derzeitigen Lebens.

Um es noch genauer zu erläutern:

a. Ein passiver Zustand, basierend auf vergangenem *kamma*, kann unterstützt und gestärkt werden, ihm kann entgegengewirkt, er kann zerstört oder verändert werden. Und zwar entweder durch einen weiteren passiven Zustand aus einem vergangenen Leben oder durch einen aktiven Zustand des derzeitigen Lebens.

b. Ein aktiver, auf gegenwärtigem *kamma* basierender Zustand kann gestärkt, abgemildert und verändert werden, und zwar entweder durch einen passiven Zustand aus vergangenem *kamma* oder durch einen weiteren aktiven Zustand, der auf gegenwärtigem *kamma* beruht.

Vom samsarischen Standpunkt aus betrachtet, ist das Zusammenwirken dieser karmischen Kräfte und ihre Auswirkungen auf die Welt der Phänomene – ohne Zweifel – ungeheuer komplex.

Die relative Wirkungsweise

Auch bezüglich der relativen Wirkungsweise ist Karma erneut in vier Abschnitte unterteilbar:

1. *Garuka kamma*: gewichtige Handlung;
2. *Asanna kamma*: sterbensnahes Handlung;
3. *Acinna kamma*: häufig geübte (gewohnheitsmäßige) Handlung;
4. *Katattā kamma*: aufgespeicherte Handlung;

Von den oben genannten, gehören die ersten drei zur aktiven Seite des gegenwärtigen Lebens. Das vierte ist unser Erbe aus vergangenen Leben, es handelt sich dabei um die aufgesparte karmische Kraft, die in Erscheinung tritt, sobald die passenden Bedingungen herrschen.

a. Gewichtiges *kamma* wird wegen der Geschwindigkeit und Macht, mit der es in Erscheinung tritt, als solches bezeichnet. Es kann sowohl gut als auch schlecht sein, und es kann Wiedergeburt erzeugend, unterstützend, unterdrückend und zerstörend wirken. *Akusala garuka kammas* sind jene extrem bösen Handlungen, welche als die fünf *ānatarikas* bekannt sind, die eine unmittelbare Wirkung in den Höllenwelten erzeugen. Als *kusala garuka* bezeichnet man jene Vertiefungen, *jhānas*, und übernatürlichen Fähigkeiten, *samāpattis*, die in den glücklichen Bereichen der Sinnesbegierden, wie dem der menschlichen Wesen und dem der *kāmāvacara* Götter, dem sogenannten *kāmasugati bhūmi*, sowie in den *rūpāvacara* und *arūpāvacara sugati bhūmis* herrschen.
b. Als sterbensnahe Handlung oder *āsanna kamma* bezeichnet man das *kamma* des letzten Gedankenmoments vor dem Tod, welches bestimmend für das

nächste Leben ist. Es ist daher aus buddhistischer Sicht von großer Wichtigkeit, einer sterbenden Person alle ihre guten Taten ins Gedächtnis zu rufen, um auch ein gutes zukünftiges Leben zu gewährleisten. Zu diesem Zeitpunkt wird *kammabhava* zu *upapattibhava*. Auch dieses *kamma* kann, entsprechend seiner Ausprägung und Intensität, auf die bekannten vier Arten wirken, nämlich Wiedergeburt erzeugend, unterstützend, unterdrückend und zerstörend.

c. Als gewohnheitsmäßige Handlungen, *ācina kammas*, bezeichnet man aktive *kusala* oder *akusala* Handlungen, die wir im Laufe des gegenwärtigen Lebens gewohnheitsmäßig oder in häufiger Wiederholung vollziehen. Sie können entweder schon im jetzigen Leben oder, wenn die entsprechenden Bedingungen nicht gegeben sind, in einer zukünftigen Existenz heranreifen.

Angesammeltes, *kaṭattā, kamma*, besteht aus einer Ansammlung latent vorhandener karmischer Kräfte, die auf die passenden Bedingungen warten, um, jetzt oder später, zur Reife zu gelangen. Man könnte sie als eine Reserve an gutem und bösem Potential aus allen vergangenen Leben bezeichnen.

Der Zeitpunkt der karmischen Wirkungen

Der Zeitpunkt zu dem die karmischen Auswirkungen heranreifen, läßt sich in vier Punkte unterteilen:

a. *Diṭṭhadhammavedaīya*: das zu Lebzeiten reifende *kamma;*
b. *Upapajjavedanīya* : das im nächsten Leben reifende *kamma;*
c. *Aparāpariyavedanīya*: das in den weiteren kommenden Leben reifende *kamma;*
d. *Ahosikamma*: überholtes oder nutzlos gewordenes *kamma.*

Dies ist eine eher technische Einteilung der sogenannten Impulsivmomente, *javanakhanas*, bei denen es sich um Gedankenmomente handelt, die karmische Impulse tragen. Es gibt insgesamt siebzehn verschiedene Gedankenmomente, *khanas*, die nötig sind, um einen bestimmten mentalen Prozeß, *citta vīthi*, zu vollenden. Einer von ihnen ist funktional, *krīyā*, neun sind resultierend, *vīpākas*, und die restlichen sieben sind impulsive oder aktive karmische Momente, *javanas*. Von diesen sieben Impulsivmomenten, *javanakhanas*, reift der erste im Laufe des gegenwärtigen Lebens, *diṭṭhadhammavedanīya*, der letzte im nächsten Leben, *upapajjavedanīya*, und die fünf dazwischen in späteren Leben, *aparāpariyavedanīya*. Wenn die ersten beiden Arten von Impulsivmomenten keine Effektivität zeigen oder schwach ausgeprägt sind oder aufgrund von entgegengesetzten oder destruktiven *kammas* nicht zur Wirkung kommen, werden sie zu *ahosi kammas*, also zu überholten, ineffektiven *kammas*, die ihr Potential verloren haben. *Aparāpariya kammas* werden jedoch heranreifen, sobald die entsprechenden Umstände, *upaṭṭhāna samaṅgi*, sich zeigen. Die meisten angesammelten, *kaṭattā*, *kammas* gehören dieser Kategorie an.

Der Ort der karmischen Wirkungen

Auch bezüglich des Ortes, an dem die Auswirkungen der *kammas* heranreifen, läßt sich wieder vierfach unterteilen:

a. *Akusala kamma*: moralisch unheilsame Handlungen, die in den *kāmāvacara duggati*, den leidvollen Daseinsbereichen der Sinnesbegierden, heranreifen;
b. *Kamavacara kusala kamma*: moralisch heilsame Handlungen, die in den *kāmāvacara sugati*, den glücklichen Daseinsbereichen der Sinnesbegierden, heranreifen;
c. *Rūpāvacara kusala kamma*: moralisch heilsame Handlungen, die in den feinkörperlichen Sphären heranreifen;
d. *Arūpāvacara kusala kamma*: moralisch heilsame Handlungen, die in den immateriellen Sphären heranreifen.

Die Details hierzu wurden bereits besprochen. Es bleibt noch anzumerken, daß die *lokuttara kusalas* hier unerwähnt blieben, und zwar weil die Resultate der *lokuttaras* nicht an einem Ort oder in einer Sphäre heranreifen. Während die vier verschiedenen *kammas* in bestimmten Existenzbereichen heranreifen, verhält es sich mit den *lokuttara kusalas* genau gegenteilig. Es beendet Wiedergeburt, anstatt sie hervorzubringen. Es vernichtet und unterbindet ja gerade all jene Faktoren und Bedingungen, die eine Wiedergeburt in irgendeinem Existenzbereich überhaupt ermöglichen.

Die zehn verdienstvollen *kammas*

Das *abhidhammattha sangaha* beschreibt zehn *kusala kammas*, die als *puññjakiriyavatthuni*, die Basis verdienstvoller Handlungen, bekannt sind:

1. *Dāna*: Geben;
2. *Sīla*: die Praxis der Sittlichkeit;
3. *Bhāvanā*: die Praxis der Meditation und Geisteskultur;
4. *Apacāyanā*: Ehrfurcht zeigen;
5. *Veyyavacca*: den Eltern, Lehrern ... dienen;
6. *Pattidāna*: seine Verdienste mit anderen teilen;
7. *Pattānumodana*: den Verdienst aus den guten Taten anderer teilen;
8. *Dhammassavana*: Dharmabelehrungen des Erleuchteten Buddha zuhören;
9. *Dhammadesanā*: den Dharma, die Lehren des Buddha, lehren;
10. *Diṭṭhujjukamma*: richtiges Verständnis und Weisheit entwickeln (wörtlich: die Sicht ausrichten)

Grundlagen der Lehre vom *kamma*

Wie bereits erwähnt, fußt die Lehre vom *kamma* auf drei Grundlagen, nämlich auf psychologischen, ethischen und metaphysischen. Bezeichnet man ein *kusala* oder *akusala kamma* als *kusala* oder *akusala citta*, dann liegt der Schwerpunkt der Betrachtung auf dem psychologischen Aspekt. Bezeichnet man es als *kusala* oder *akusala kammapatha* betrachtet man das ethische Verhalten. Befassen wir uns mit dem Gesetz von *kamma* und Wiedergeburt als Ganzes und setzen es in Beziehung zu Befreiung und Verstrikkung, dann befinden wir uns ganz offensichtlich in einer metaphysischen Betrachtung.

Es gibt einen Unterschied zwischen den beiden Begriffen *kamma* und *kammapatha*. Während *kamma* sich auf die oben erwähnte vierfache Klassifikation und auf *kusala* und *akusala* im allgemeinen bezieht, ist *kammapatha* ein spezieller Ausdruck, der sich nur auf das zehnfache Wirken des *kamma* in Taten, Worten und Gedanken bezieht. Diese zehn »Wirkensfährten« erzeugen Wiedergeburts-Bewußtsein, *paṭisandhi*. Sie beziehen sich ausschließlich auf Wiedergeburt erzeugendes, *janaka, kamma*.

Der Vorgang der Wiedergeburt

Nachdem wir nun die komplexe Struktur von *kamma* betrachtet haben, bleiben noch einige Fragen zu klären. Es ist wohlbekannt, daß der Buddhismus sich nicht auf eine dauerhafte Entität, ein *ātma* oder eine Seele, bezieht, welche von einem Leben zum anderen wandert, ohne dabei eine fundamentale Veränderung ihrer innewohnenden Natur zu erfahren. Ein Vertreter der Veden verglich das Wechseln der physischen Form zum Zeitpunkt des Todes einmal mit dem täglichen Wechseln der Kleider, wobei der *ātman* ebenso konstant bleibe wie der Körper, der neue Kleider anlegt. Wenn aber eine solche Entität, welche die Früchte ihrer Handlungen erfährt oder von einer höheren Autorität gestraft wird, nicht existiert, was wird dann von einem Leben zum nächsten weitergegeben? Oder, anders gefragt, wie geht das Fortschreiten von Existenz zu Existenz vor sich? Wir gelangen hier zur Untersuchung der Mechanismen im Prozeß der Wiedergeburt. König *Milinda* stellte dieselbe Frage schon vor über zweitausend Jahren dem buddhistischen Weisen *Nāgasena* und erhielt folgende Antwort:

»Ehrenwerter Herr, wie kann Wiedergeburt stattfinden, ohne daß etwas weitergegeben wird? Bitte erläutert mir diesen Punkt.«

»Wenn man, o König, seine Lampe mit Hilfe einer anderen Lampe entzündet, geht dann die Flamme von der einen Lampe zur anderen über?«

»Nein, ehrenwerter Herr.«

»Genauso, o König, findet die Wiedergeburt ohne die Wanderung eines Selbst oder einer Seele statt.«

Im *visuddhi magga* finden wir folgende Erläuterung:

Kammassa kārako natthi,
Vipākassa ca vedako...,
Evam kamme vipāke ca,
Vattamāne sahetuke,
Bījarukkhādikānaṃ va,
Pubba koṭi na ñāyati...,
Na hi ettha devo brahmā vā,
Saṃsarass'atthikārako,
Suddhadhammā pavattanti,
Hetu sambhāra paccayā ti.

Da ist niemand, der Taten begeht,
noch jemand, der die Ergebnisse erntet ...
Die Taten und ihre Ergebnisse,
die allesamt abhängig entstehen, laufen fort,
ohne daß ein Anbeginn zu finden wäre,
geradeso wie es sich mit den Samen des Baumes verhält ...
Keinen Gott, keinen Brahmā,
kann man den Schöpfer dieses Lebensrades nennen.
Die unpersönlichen Phänomene laufen immer fort,
abhängig von ihren Bedingungen.

Wie ein Rad

Die Natur von *kamma* als psycho-ethisches Kontinuum muß also als ein dynamischer Vorgang verstanden werden. Geburt und Tod sind lediglich zwei Punkte in diesem ständiger Veränderung unterliegenden Prozeß.

Diese dynamische Bewegung wird mit einem Rad verglichen, das, zum gegebenen Zeitpunkt, an einem bestimmten Punkt in seiner Bewegung innehält. Unser Leben besteht aus einer Abfolge einzelner Gedankenmomente, die ständig wechseln. So wie das Rad durch seine Drehung das Gleichgewicht hält, so wird die Kontinuität unseres Lebens durch die schnelle Abfolge der mentalen Prozesse aufrechterhalten. Diese vermitteln uns den Eindruck von Festigkeit und Stabilität und erzeugen die Illusion von Substanzhaftigkeit.

Drei Phasen

Jeder Gedankenmoment besteht aus drei Punkten oder Phasen, nämlich Erscheinen, *uppāda*, Andauern, *ṭhiti* und Auflösen, *bhaṅga*. Jedesmal, wenn ein Gedankenmoment sich auflöst, dient er als Grundlage für das Erscheinen des nächsten. Wie eine Welle, die – entstanden aus äußeren Kräften, wie dem Wind –, wenn sie in sich zusammenfällt, zur Ursache für die nächste Welle wird, entstehen in ununterbrochener Folge die mentalen Prozesse, dauern an und lösen sich in ständiger Annäherung, *anantara*, und Aufeinanderfolge, *samanantara*, auf. Die erste Welle verwandelte sich nicht in die zweite, es handelte sich lediglich um die Weitergabe von Energie, welche die folgende Welle erzeugte. Genauso erscheinen und vergehen *cittas*, angeregt durch karmische Energie, und jedes wird im Vergehen zum »Helfer«, *paccaya*, des folgenden.

Von der Geburt bis zum Tod besteht das Leben also nur aus einer ungeheuer schnellen Abfolge von Gedankenmomenten. Im absoluten Sinne könnte man sagen, daß wir in jedem Augenblick sterben und in jedem Moment wiedergeboren werden, so wie unsere Gedankenmomente entstehen und vergehen. Was wir Tod nennen, ist letzten Endes nur eine solche Beendigung: die Auflösung einer bestimmten psychophysischen Kombination, die wir Sein nennen, zugunsten der Entstehung einer neuen Kombination, und dies so lange, wie karmische Energie vorhanden ist, um den Vorgang in Bewegung zu halten. Daher dauert der Vorgang des Aufbrechens und Neu-Zusammensetzens mentaler und körperlicher Aggregate, *nāmarūpa*, in *saṃsāra* endlos an.

Im Moment des Todes, so sagt Shwe Zan Aung, vollzieht das *kamma* einen Sprung, eine Bewegung, und das aktive *kamma* dieses Lebens, *kamma bhava*, verändert sich und wandelt sich zum passiven *kamma*, *upapatti bhava*, des folgenden Lebens. Wenn sich das sterbensnahe, *maranāsanna*, *citta* eines Lebens auflöst, so erscheint, entsprechend den psychologischen Gesetzmäßigkeiten, *citta niyāma*, als nächster Gedankenmoment, beruhend auf dem vorangegangenen, das wiedergeburtliche, *paṭisandhi*, *citta* des nächsten Lebens.

Der physischen Veränderung, die mit einem solchen »Weg« einhergeht, wird in diesem Zusammenhang keine Aufmerksamkeit geschenkt, sondern sie findet Beachtung in einer anderen Gruppe von Gesetzen, in denen die Sittlichkeit eine große Rolle spielt. Wenn zum Beispiel jemand als Hund wiedergeboren wird, dann liegt die Ursache für die physische Veränderung im moralischen oder ethischen Charakter des *paṭisandhi*.

Im absoluten Sinne existieren weder Zeit noch Raum. Diese Begriffe bezeichnen lediglich Konzepte, *paññatti*, also vom Geist erschaffene, intellektuelle Konstrukte. Beide, der psychologische Prozeß wie auch das ethische Prinzip, sind von absolutem Wert und bleiben vollkommen unberührt von den relativen Konzepten von Zeit und Raum. Man benötigt zur Visualisation eines Objekts in unmittelbarer Nähe genauso viel Zeit wie zur Visualisation eines tausend Meilen entfernten Gegenstandes. Das bestätigt die Relativität von Zeit und Raum.

Wenn ein Mensch in New York stirbt und in Bangalore wiedergeboren wird, ist die Frage von Entfernung und Dauer substanzlos. Findet das Wiedergeburts-Bewußtsein, *paṭisandhi*, des in New York sterbenden Menschen eine passende materielle Basis in Bangalore, so bildet die Entfernung zwischen diesen beiden Orten kein Hindernis, denn der Geist wird von den relativen Faktoren Zeit und Raum nicht eingeschränkt. Wenden wir relative Konzepte auf absolute Werte an, so entsteht Verwirrung.

Das Gesetz der Affinität

Die bei der Wiedergeburt stattfindende körperliche Veränderung unterliegt dem Gesetz der Affinität, *ekarasattaṃ*, welches diese Veränderung regelt. Ein grausamer Mensch, der andere tötet, trägt tief in sich eine Disposition, *saṅkhāra*, zur Verkürzung des eigenen Lebens. Wenn diese Veranlagung im Moment des Todes durch *kamma*, *kamma-nimitta* oder *gati-nimitta* zur Grundlage für das Erscheinen des *paṭisandhi* wird, führt dies dazu, daß eine Affinität, ein Greifen nach einer materiellen Grundlage entsteht, der ein kurzes Leben bestimmt ist.

Ein knauseriger, neidischer Mensch wird eine Affinität zur Wiedergeburt in ärmlichen Verhältnissen haben, in welchen seine Tendenzen die passenden Entsprechungen finden. Stirbt ein Mensch mit einer zornigen, furchtvollen Veranlagung, so ist die passende materielle Basis für ihn die Wiedergeburt im Mutterleib einer wilden Kreatur, vielleicht einer Tigerin, wo seine Disposition ihren vollen Ausdruck finden kann.

Das Gesetz der Affinität regelt die Wiedergeburt durch die Verknüpfung psychologischer und moralischer Gesetzmäßigkeiten, ohne auch nur im geringsten von einem unveränderlichen Prinzip oder einer Entität abhängig zu sein.

Buddhas Lehre von Karma und Wiedergeburt entwickelt eine hohe moralische Ordnung, die weder der Einflußnahme durch eine göttliche Autorität noch der Berufung auf eine unveränderliche Seele oder ein Atman bedarf.

Das Gesetz der Affinität regelt die Wiedergeburt. Wie wirkt dieses Gesetz? Im *abhidhammattha sangaha* steht geschrieben, daß die Wiedergeburt, von dem unmittelbar im Todesmoment vorherrschenden mentalen Prozeß, dem Bewußtseinszustand zum Zeitpunkt des Todes, *maranāsanna citta*, bestimmt wird.

Wie ein Fluß

Dem Buddhismus zufolge ist das Leben wie ein Strom, *nadi soto viya*. Einheiten des mentalen Prozesses, bestehend aus dem Bewußtsein und den damit einhergehenden mentalen Faktoren, fließen ununterbrochen vom Moment der Geburt an, gespeist aus dem rückbezüglichen Bewußtsein. Der Tod beendet diesen Prozeß nicht automatisch. Die karmische Energie der letzten mentalen Einheit bildet die erste mentale Einheit des neuen Lebens. Der Tod verursacht also eine Erneuerung des mentalen Prozesses in einem veränderten »Fahrzeug« mit verändertem Umfeld. Diese »Seelenwanderung« unterscheidet sich tatsächlich nicht sehr von den Veränderungen, die im Laufe des Lebens von Augenblick zu Augenblick stattfinden, während das Leben dahinfließt.

Um den Vorgang der Wiedergeburt zu verstehen, ist ein Verständnis der Funktionsweise des Geistes unerläßlich. Eine Linie besteht in Wirklichkeit aus einer Aneinanderreihung von Punkten, und ebenso besteht der Geist aus einer Reihe von mentalen Vorgängen oder Einheiten, *citta-vīthi*. Man sollte also dem Begriff des Prozesses in diesem Zusammenhang den Vorzug vor dem des Zustandes einräumen, um die dynamische Natur des Geistes zu beschreiben. Kein mentaler Prozeß kann ohne ein Objekt, *ārammaṇā*, entstehen. Diese Objekte sind die Gegenstücke der Sinnesorgane oder »Tore« des Bewußtseins. Sichtbare Objekte bilden das Gegenstück zum Augen-Bewußtsein oder Augentor, genauso verhalten sich Geräusch, Geruch, Geschmack, Berührung und Vorstellung oder Konzept bezüglich des Bewußtseins oder Tors von Ohr, Nase, Zunge, Körper und Geist.

Mentale Objekte zum Zeitpunkt des Todes

Der letzte mentale Vorgang eines Lebens, also das unmittelbar dem Tod vorausgehende Bewußtsein, kann die drei folgenden Phänomene zum Objekt haben:

1. *kamma*
2. *kamma-nimitta*
3. *gati-nimitta*

Kamma

Hier bezeichnet *kamma* alle vier Kategorien von Handlungen, die bereits in bezug auf die relative Wirkungsweise erwähnt wurden, nämlich gewichtige, *garuka*, dem Tod vorausgehende, *āsanna*, gewohnheitsmäßige, *ācinna*, und aufgespeicherte oder angesammelte, *kaṭattā*, *kammas*. Diese vier können sowohl gute als auch schlechte *kammas* sein, die der Sterbende im Laufe seines Lebens beging.

Gewichtiges gutes *kamma* zeigt sich im Erlernen meditativer Vertiefung, *jhāna*, oder der sogenannten übernatürlichen Vertiefungen der feinkörperlichen und unkörperlichen Sphäre, *samāpatti*. Gewichtiges schlechtes *kamma* ist die Ermordung von Vater oder Mutter oder die Tötung eines Heiligen, *arahat*, usw. Die gewichtigen *kammas* sind im Geist des Sterbenden so machtvoll und lebhaft, daß sie alle anderen Handlungen verdrängen und daher den nächsten mentalen Prozeß bestimmen, der das rückbezügliche Bewußtsein der neuen Existenz bildet. Wer Vertiefung, *jhānalabhī*, erlangt hat, wird im göttlichen Bereich der *brahma*-Götter Eingang finden, da sein gewichtiges *kamma* im Todesmoment, welches die Wiedergeburt bestimmt, dem Bewußtsein eines *brahma*-Gottes entspricht. Jemand, der Vater oder Mutter oder einen Heiligen getötet hat, wird mit Sicherheit in der Hölle wiedergeboren, da das »Mörderbewußtsein« dem Bewußtsein der Höllenbewohner vergleichbar ist. Die Wiedergeburt findet also gemäß dem Gesetz der Affinität statt.

Fehlt gewichtiges *kamma*, so hat jenes *kamma,* welches dem Tod unmittelbar vorausgeht, *āsanna kamma*, die Priorität. Eine wohlbekannte buddhistische Praxis ist deshalb das Rezitieren schützender *suttas*, um den Sterbenden an *Buddha*, *Dhamma* und *Sangha* zu erinnern, ihm die guten und verdienstvollen Taten seines Lebens ins Gedächtnis zu rufen, ihm zur Meditation zu raten oder ihm vorzuschlagen, an etwas Erhebendes zu denken. Kommt das sterbensnahe, *maranāsanna*, *kamma* zum Tragen, so wird die Wiedergeburt durch seine jeweilige Stärke und Wirksamkeit bestimmt.

Fehlt ein *āsanna kamma,* so tritt ein gewohnheitsmäßiges, *ācinna*, *kamma* an seine Stelle. Das gewohnheitsmäßige *kamma*, also die gewohnten Handlungen des täglichen Lebens, erscheinen als todesnahes Bewußtsein und bestimmen dementsprechend die Wiedergeburt.

Wenn die drei genannten *kammas* nicht wirksam werden, kommt das gespeicherte, *kaṭattā*, *kamma* aus den angesammelten Handlungen vieler vergangener Leben zum Tragen und formt den nächsten mentalen Prozeß, das Wiedergeburts-Bewußtsein, entsprechend seiner Stärke.

Kamma-nimitta

Kommen wir nun zum zweiten, nämlich dem *kamma-nimitta*. *Nimitta* bedeutet Zeichen oder Symbol und bezeichnet alle Gegenstände oder Besitztümer, die mit einer karmischen Handlung in Zusammenhang stehen. Jemand, den es zum Zerstören von Leben hinzieht, sieht möglicherweise ein Messer oder eine Waffe als *kamma-nimitta*. Ein heiliger

Mensch sieht vielleicht einen Tempel, ein Bildnis des Buddha oder eine Robe als *kamma-nimitta*, welches seine Wiedergeburt bestimmt.

Gati-nimitta

Das Dritte, *gati-nimitta,* ist ein »voraussehendes« Symbol oder Zeichen. *Gati* bedeutet Schicksal. Das Zeichen, welches andeutet, wo jemand wiedergeboren wird, zeigt sich ohne die Mitwirkung der ersten beiden, nämlich *kamma* und *kamma-nimitta*, als Wiedergeburt erzeugendes, todesnahes Bewußtsein. Sieht der Sterbende Höllenfeuer, sich paarende Tiere, Dunkelheit oder furchteinflößende Wälder, so deutet das auf eine unglückliche Wiedergeburt in einem der vier leidvollen Existenzbereichen, hin. Sieht er hingegen eine wunderschöne Stadt, eine Familie oder eine himmlische Behausung, so deutet das auf eine Wiedergeburt im Bereich der Menschen oder Götter hin. Deuten die Zeichen auf eine schlechte Wiedergeburt hin, so kann man die Gedanken des Sterbenden geschickt in eine andere Richtung zu lenken versuchen, um eine bessere Wiedergeburt zu erreichen. Ist es dem Sterbenden unmöglich, selbst einen guten Gedanken zu fassen, kann ein positives *gati-nimitta*, das sich als Wiedergeburt erzeugendes *kamma* anbietet, übernommen werden, und durch das Einbringen dieses guten Gedankens kann dann gutes *maranā-sanna kamma* angesammelt werden. Diese Technik, ein gutes *kamma-nimitta* zu »verpflanzen« ist unter Buddhisten weit verbreitet.

Keine Reinkarnation

Nachdem wir so die Wirkungsweise des Gesetzes der Affinität umrissen haben, welches die Wiedergeburt bestimmt, muß erwähnt werden, daß Wiedergeburt nicht dasselbe ist wie Reinkarnation. Der Begriff Reinkarnation setzt die Existenz eines Mediums, einer Seele, eines *atmā*, Selbst oder Ego voraus, das sich immer und immer wieder inkarniert oder von einem Zustand zu einem anderen wechselt, innerlich unverändert, trotz der äußeren Verwandlung. Im Gegensatz dazu duldet die Wiedergeburt, wie bereits erwähnt, keine solche Instanz. Sie ist Teil eines sich selbst aufrechterhaltenden Mechanismus, der als *samaṅgi dhamma* bekannt ist, welcher keine solchen abenteuerlichen Vorstellungen wie die von einer Seele benötigt.

Vierfältiges *Samaṅgi*

Die Wirkungsweise der Lehre vom *kamma* ist vom Buddha in Form des vierfältigen *samaṅgi dhamma*, wie wir es im *Abhidhamma* finden, formuliert worden. Der Begriff *samaṅgi* bezeichnet etwas, womit man von Natur aus ausgestattet ist, eine »Begleitung« die den Lebensfluß antreibt. Diese sind:

1. *Cetanā-Samaṅgi* – die Willensausstattung;
2. *Kamma-Samaṅgi* – die Ausstattung mit karmischer Energie;
3. *Upaṭṭhāna-Samaṅgi* – die Gelegenheitsausstattung;
4. *Vipāka-Samaṅgi* – die Ergebnisausstattung.

Die vier *samaṅgis* beschreiben einen Rundkurs wie wir ihn schon vom karmischen Kreislauf her kennen, der mit dem Willen beginnt und beim Resultat endet.
Man kann ihn mit einem Stromkreislauf vergleichen, der an dem Punkt, an dem die Elektrizität erzeugt wird, beginnt und am Schalter des Endverbrauchers endet, der sein Licht anschaltet, einen Motor in Betrieb nimmt usw. Auf ihrem Weg zum Endverbraucher passiert die elektrische Energie möglicherweise Hunderte von Meilen Kabel und viele Umspannstationen. Wie bereits erwähnt, handelt es sich bei *kamma* genau gesagt um eine bewußte Aktivität. Der Wille bildet also das Zentrum und Herzstück des karmischen Prozesses. Die Absicht läßt einen Handlungen in Tat, Wort und Gedanken vollziehen. Wie der Generator den Strom erzeugt, so erzeugt der Wille das *kamma*. Hat man bewußt eine Handlung in Gang gesetzt, so bleibt dieses *kamma* als potentielle Kraft erhalten, bis das Resultat herangereift ist. Es fließt als karmische Energie im Lebensfluß und wartet auf die »passende Gelegenheit« heranzureifen.

Das Anschalten des Lichtes bezeichnet das Endergebnis. Bis es zu dieser Manifestation kommt, durchläuft die gespeicherte Energie unterschiedliche Stationen. Genauso ist es mit der karmischen Energie, die, bis sie sich als Wiedergeburt oder Lebenssituation (Gesundheit, Krankheit, Schönheit, Häßlichkeit, Reichtum, Armut usw.) manifestiert, als schlummernde Kraft in Form von *kamma-samaṅgi* andauert und die Gelegenheit oder den passenden Moment, *upaṭṭhāna-samaṅgi,* abwartet, um als *vipāka-samaṅgi* heranzureifen.

Gelegenheit

Wir haben bereits gehört, daß der Zeitpunkt für das Heranreifen der Früchte des *kamma* untergliedert wird in *kamma,* das in diesem Leben Früchte trägt, *kamma,* das im nächsten oder in späteren Leben heranreift, und *kamma,* das wirkungslos wird. Die Gelegenheit, *upaṭṭhāna-samaṅgi,* spielt, trotz ihres zufälligen Charakters, eine entscheidende Rolle in der Struktur und Funktionsweise des *kamma.* So, wie die Leitung, die Glühbirne oder jeder andere Apparat der elektrischen Energie die passende Möglichkeit bietet, in Erscheinung zu treten, genauso bilden *upaṭṭhān-samaṅgis* die besonderen Gelegenheiten oder Lebensumstände, um karmische Energie fruchten zu lassen und Ergebnisse hervorzubringen.

Im *mahā maṅgala sutta* werden jene Bedingungen erläutert, die erfahrungsgemäß von großem Segen sind, wie das Meiden schlechter Gesellschaft, die Gemeinschaft mit Weisen, das Ehren der Ältesten usw., oder ein Leben an rechten Orten, mit dem Verdienst vergangener guter Taten ausgestattet zu sein, verdienstvolles Verhalten und vieles mehr. Richtet man sein Leben nach diesen Grundsätzen aus, dann hat verdienstvolle karmische Energie die Möglichkeit, zum Tragen zu kommen, und es entstehen erfreuliche Ergebnisse. Begibt man sich hingegen in schlechte Begleitung, verhält man sich respektlos, lebt in schlechten Gegenden, hat keine angesammelten Verdienste und pflegt einen unsittlichen Lebenswandel, dann werden alle diese Umstände zur Grundlage für das Heranreifen verdienstloser karmischer Energie mit ihren unglücklichen Ergebnissen. So dreht und vollendet sich der in unserem Geist verankerte karmische Kreislauf.

Karma und Geisteskultur

Kamma ist das Gesetz von Ursache und Wirkung, welches das gesamte Universum regiert. Von seiner Beachtung oder Mißachtung hängen Aufbau oder Zerfall einer Zivilisation ab. Baut man einen Motor in einen Panzer ein, so unterstützt das die Tötung Hunderter Menschen, baut man einen Motor in einen Krankenwagen ein, so können mit seiner Hilfe Hunderte von Leben gerettet werden. Die Maschine ist neutral, welchen Gebrauch man von ihr macht, ist eine andere Sache. Mit *kamma* verhält es sich genauso. Es bleibt der Weisheit und Klarsicht des einzelnen überlassen, rechten Gebrauch von diesem Gesetz zu machen, indem er sich einer positiven Richtung zuwendet. Würde es sich bei *kamma* um blindes Schicksal oder Zufall handeln, dann wären Entwicklung und Fortschritt unmöglich und alle Bemühungen um materiellen, moralischen oder spirituellen Fortschritt zwecklos. Mag ein Mensch auch die schwere Last vergangener Taten spüren, so verfügt er doch über einen kraftvollen Willen als Waffe dagegen. Mit der rechten spirituellen Ausrichtung kann dieser Wille die Zukunft verändern und ihm helfen, die Last der Vergangenheit mit Würde zu tragen. Blinde Triebe werden durch die Taten der Vergangenheit ausgelöst und erscheinen im Geist wie die Eruptionen eines lang verloschen geglaubten Vulkans. Doch durch gewissenhaftes sittliches Verhalten und die Pflege des Geistes, durch die Gemeinschaft und den Rat der Weisen ist es möglich, diese blinden Begierden zu zügeln und sie entschlossen zu beenden.

Das Verständnis des karmischen Gesetzes ist die Vorraussetzung für Geisteskultur. Alle Wesen unterliegen diesem Gesetz, ob *deva* oder Gott, Mensch, Tier, Geist oder Höllenwesen. Alles Leben ist durch die Verflechtung mit dem karmischen Gesetz miteinander verbunden. Diese metaphysische Bedeutung des *kamma* ist schwer zu verstehen, wenn man nicht gewohnt ist, das Leben aus allumfassender Sicht zu betrachten.

Ein gewalttätiger Mensch verunreinigt nicht nur seinen eigenen Geist, sondern auch den anderer und sogar die Natur um ihn herum. Breitet sich eine solche Kontamination aus, da kann eine Gewaltpsychose eine ganze Gesellschaft befallen und die Zerstörung der Zivilisation zur Folge haben. Hier zeigen sich die Auswirkungen des karmischen Gesetzes auf größerer Ebene. Fragt man einen einfachen indischen Dorfbewohner nach den Ursachen für eine Hungersnot oder andere Arten von Naturkatastrophen, so wird er antworten, daß die Natur unwirsch wird, weil der Geist der Menschen degeneriert ist. Dies spricht für seine Einsicht in die Wirkungsweise des karmischen Gesetzes.

Ein Bauer, der sein Feld bestellt, hat nicht allein den Nutzen daraus, sondern teilt ihn mit seiner Familie und vielen anderen Menschen. In einer Welt der gegenseitigen Abhängigkeit kann nichts allein, aus sich selbst herausreifen, aber trotzdem erntet jeder, was er sät. Die Ernte muß aber nicht mit der Saat identisch sein, denn Ursache und Wirkung sind nicht unbedingt genau gleich. Die Verkettung der aus verschiedenen *kammas* entstandenen Bedingungen kann das Ergebnis radikal verändern. Der Buddha sagte:

»Wären Ursache und Wirkung genau gleich, dann wäre *nibbāna*, die spirituelle Befreiung, nicht möglich.«

Ein Mensch kann ein falsches *kamma* durch ein richtiges ausgleichen oder wenigstens dessen Resultat abschwächen. Der Vergleich mit einer Maschine, die sowohl für den einen wie für den anderen Zweck benutzt werden kann, ist hier sehr treffend. Wie bei dem bereits erwähnten Fahrzeugmotor ist eine Maschine völlig neutral. Sie kann sowohl tödlich als auch lebensrettend wirken. Auch die Lehre vom *kamma* ist lediglich ein Gesetz, das zum Guten oder Schlechten benutzt werden kann. Es obliegt dem einzelnen, sich dieses Gesetz auf positive Weise zunutze zu machen. Obwohl ein *kamma* ein anderes wirkungslos machen kann, gibt es keine Veranlassung zu einer fatalistischen Interpretation. Häufig wird das Fehlen von Vergebung durch eine höhere Instanz im karmischen Konzept bemängelt. Dadurch jedoch, daß die Möglichkeit besteht, schlechtes *kamma* durch gutes zu verändern, sind Buddhisten hoffnungsvoll und haben kein Bedürfnis nach einer vergebenden Instanz. Sie wissen, daß man mit Hilfe eines Dorns einen anderen Dorn entfernen kann und daß ein Gift durch sein Gegengift neutralisiert wird. Genauso kann ein gutes *kamma* immer ein schlechtes ausgleichen. Es gibt daher keinen Grund, eine Gottheit zu erschaffen, die einem die Sünden abnimmt oder erläßt. Buddhisten folgen lieber dem Weg des Buddha und der *arahats*, die das Gesetz von *kamma* überwanden, um so auch *kamma* ein Ende zu setzen. Trägt jemand dieses Vertrauen in das karmische Gesetz in seinem Herzen, dann entsteht wahre Geisteskultur.

Einmal hörte ich einen zu lebenslanger Haft Verurteilten voller Aufrichtigkeit sagen: »Allem Anschein nach war es mir vorherbestimmt, zum Mörder zu werden. Es mußte so kommen, ich konnte nichts dagegen tun. Was sollte ich denn tun? Ich war hilflos. Es war eben mein Schicksal.«

Wäre *kamma* das Ergebnis eines blinden Schicksals oder Zufalls, dann wären Entwicklung und Fortschritt unmöglich und alle Bemühungen um materiellen, ästhetischen, moralischen oder spirituellen Fortschritt zwecklos. Warum sollte sich irgend jemand bemühen, irgend etwas zu erreichen, wenn seine Existenz ohnehin einem vorbestimmten Weg folgte? Daß man durch Übung in positivem Denken und durch eigene Anstrengung sein Schicksal selbst gestalten kann, bestimmte Ziele erreicht und Hindernisse überwindet und die Folgen negativer Taten aus der Vergangenheit mildert, wird durch das Leben und Wirken vieler großer Persönlichkeiten in den verschiedensten Bereichen bewiesen. Hätten die Fatalisten recht, dann würden keine Weisen und Heiligen, erfüllt von wahrer Spiritualität und Größe auf dieser Erde wandeln. Das Erscheinen eines Buddha in der Welt eröffnet einen neuen Horizont kostbaren Wissens, der Glaube an fatalistische Überzeugungen eröffnet unendliche Gefangenschaft.

Der Erleuchtete Buddha sagte, daß es nichts gibt, was der Mensch nicht durch die eigene Anstrengung, die in Weisheit und Hingabe gründet, erreichen kann. Solange die Menschen in dem falschen Glauben gehalten werden, daß ihr Handeln vorherbestimmt sei, daß sie vollkommen hilflos sind und ihrem freien Willen keinen Ausdruck verleihen können, um angeblich vorherbestimmte Umstände zu verändern, so lange gibt es weder Hoffnung für den einzelnen noch für die Gesellschaft oder Nation, die sich aus solchen Menschen zusammensetzt, etwas wirklich Wertvolles zu erreichen oder auch nur ein anständiges Leben zu führen. Solche Menschen werden von Dogmen beherrscht, abergläubisch und besessen von der Furcht vor einer unbekannten göttlichen Autorität. Aberglaube und Angst bringen niemals etwas Sinnvolles hervor.

Es gibt die beiden Extreme des Fatalismus und des Glaubens an einen vollkommen freien Willen. Die Wahrheit, der goldene Mittelweg, liegt dazwischen. Er entsteht aus Einsicht in die Wirkungsweise des Gesetzes von Ursache und Wirkung, *kamma niyāma*, und nicht aus bloßem Glauben daran. *Kamma* berücksichtigt die Kräfte der Vergangenheit, die nicht vollkommen außer acht gelassen werden können, ist also in einem gewissen Maße vorbestimmt, auch wenn es durch weises Vorgehen abgeschwächt werden kann. Das Gesetz vom abhängigen Entstehen weiß aber auch um die

Macht, die im absichtsvollen Handeln des derzeitigen Augenblicks liegt. Gemäß dem Mittleren Weg des Buddha, wird diese wahrheitsgemäße Einsicht gepflegt und bewahrt, um sich dann in reinem Erkennen und wahrer Menschlichkeit zu äußern.

Das Leben ist zu komplex, um nur von einem einzigen Gesetz bestimmt zu werden. Wenn der Mensch auch die schwere Last vergangener Taten trägt, so verfügt er doch über das Instrument eines kraftvollen Willens. Mit Hilfe rechter spiritueller Ausrichtung kann dieser Wille die Zukunft verändern und ihm helfen, die Last der Vergangenheit mit Würde zu tragen. Blindes Verlangen, ausgelöst durch die Taten der Vergangenheit, überfällt den Geist wie der Ausbruch eines Vulkans. Doch durch gewissenhaftes sittliches Verhalten und die Pflege des Geistes, durch die Gemeinschaft und den Rat der Weisen ist es möglich, diese blinden Begierden zu zügeln und sie entschlossen zu beenden. Wenn die Kraft, die das Rad bewegt, und die Kraft, welche als Bremse fungiert, nicht völlig aufeinander abgestimmt sind, kann das Fahrzeug nicht funktionieren. Wie mit der Technik ist es auch mit der menschlichen Persönlichkeit. Sind die vergangenen karmischen Kräfte nicht völlig mit den gegenwärtigen *kammas* in Einklang, dann wird sich das Wunder des vollkommenen menschlichen Daseins nicht voll entfalten können und ein Wunschtraum bleiben. Da es sich bei *kamma* um eine Lehre und nicht um eine willkürliche Gewalt handelt, ist das In-Einklang-Bringen der karmischen Strömungen nicht nur möglich, sondern es sollte sogar das eigentliche Ziel aller ernsthaften kulturellen, moralischen oder spirituellen Bemühungen sein. *Kamma* ist keine Strafe und nicht die Auswirkung göttlichen Unmuts, sondern die Manifestation eines Prinzips. In Krankenhäusern hört man die Patienten oft jammern: »Oh, mein Schicksal ereilt mich. Ich bin von Gott gestraft.« Das Mißverständnis der karmischen Gesetzmäßigkeiten führt zu allerlei abergläubischen Ansichten und Praktiken. Eine bestimmte angenehme oder unangenehme Erfahrung bildet kein *kamma*, sondern sie ist das Ergebnis eines solchen. Man bezeichnet sie als *vipāka*, was soviel wie »Reifen eines *kamma*« bedeutet und die Vollendung oder den Kulminationspunkt eines Prozesses beschreibt.

Kamma hingegen bezeichnet die Handlung auf körperlicher, verbaler oder geistiger Ebene, die den Prozeß in Gang bringt. Gelangt es zur Reife, so zeigt es sich in Form bestimmter Erfahrungen, zu denen auch bestimmte Krankheiten zählen können. Das heißt wiederum nicht, daß alle Krankheiten die Resultate vergangener *kammas* sind. Man sollte daher *kamma* und *vipāka* bzw. *kamma-phala* nicht durcheinanderbringen. Sie bezeichnen den Anfangs- und Endpunkt eines Vorgangs.

Der Ehrwürdige Buddha erkannte diesen Vorgang als einen Kreislauf. Man bezeichnet ihn als den Kreislauf des bewußten Handelns. Es sei hier noch einmal erwähnt, daß nicht alle Handlungen *kammas* sind, sondern nur die bewußten oder absichtsvollen. Der Kreislauf gliedert sich in vier Abschnitte, nämlich:

1. *Cetanā-Samaṅgi* – der Willensimpuls;
2. *Kamma-Samaṅgi* – die schlummernde karmische Energie;
3. *Upaṭṭhāna-Samaṅgi* – die unterstützenden Bedingungen, welche die Manifestation dieser schlummernden Energie ermöglichen;
4. *Vipāka-Samaṅgi* – das Heranreifen der karmischen Energie.

Der karmische Prozeß ist auch mit einem Baum verglichen worden. Die Saat ist der Geist, die Basis von *kamma*. Das

Keimen des Samens entsteht durch den einleitenden, bewußten Impuls, der den Vorgang in Bewegung bringt. Das Heranwachsen des jungen Schößlings zu einem Baum ist mit der inneren Ausformung der schlummernden karmischen Kraft vergleichbar. Die vielen äußeren Bedingungen, wie zum Beispiel die Jahreszeiten, der Sonnenschein, das Wasser usw., unterstützen das Heranreifen. Die Blüte oder Frucht ist die Manifestation oder das Ergebnis des *kamma*.

Werden diese beiden unterschiedlichen Faktoren, nämlich *kamma* und *vipāka*, richtig verstanden, so stellt sich die Frage der Bestrafung gar nicht. Die Vorstellung von Bestrafung ist nicht nur unnötig, sondern schädlich. Denn glaubt man an eine strafende Gottheit, dann kann man *kamma* auch nicht als eigenständiges Prinzip anerkennen. Erkennt man einen glücklichen oder traurigen Zustand als die Manifestation eines Prinzips, dann besteht immer die Möglichkeit, sich dieses zunutze zu machen, um die Situation oder die Erfahrung zu beeinflussen und zu verändern. Daß man eine negative Tat oder deren Folgen durch eine positive Tat ausgleichen kann, beweist dies. Nur eine solche unterscheidende Weisheit birgt ausreichend Kraft und Hoffnung zur Schaffung einer neuen Zukunft. Hält man *kamma* für eine Strafe, dann entsteht daraus Angst und Hilflosigkeit, und das kann niemals zu Fortschritt und Erleuchtung beitragen.

Moralische Verantwortlichkeit

Allen Ungleichheiten in der Welt liegt menschliches Verhalten zugrunde. Im *Cula Kammavibhanga Sutta* erläutert der Buddha den Zusammenhang zwischen Handlungen und deren Resultaten. Wissenschaftler berufen sich bezüglich unerklärlicher Lebensphänomene gerne auf die Genetik oder die Vererbung. Die »Genetik oder Vererbungslehre des Geistes« beruht darauf, daß der Wille das Herzstück des *kamma* bildet.

Wird der Geist durch moralisches Verhalten, *sīla*, und durch die Meditation geläutert, dann heben sich die Ungleichheiten immer weiter auf. Oft wird, im Namen der Menschlichkeit, von Gleichheit und von einer Erhöhung des Lebensstandards usw. gesprochen. Es ist jedoch viel wichtiger, die Qualität des Lebens zu verbessern, als den sogenannten Standard. Sind unsere Handlungen rein, so führt das zu echter Gleichheit und wahrem Glück.

»Was aus dir entsteht, kehrt zu dir zurück« ist ein wohlbekanntes buddhistisches Sprichwort. Es bedeutet, daß die Resultate begangener Taten unbeirrbar auf einen selbst zurückfallen. Es handelt sich hier jedoch nicht um eine fatalistische Verdammnis, die durch nichts zu ändern oder umzuformen ist. Durch die Entwicklung geschickter Verhaltensweisen kann man eine Veränderung der Resultate erreichen. Eine bewußte Handlung ist wie der Beginn einer Reise, auf der man unbeirrbar seinem Ziel entgegen strebt. Ist jemand kleinlich, so zeugt dies auch von geistiger Armut. Das Ergebnis wird eine Wiedergeburt in ärmlichen Verhältnissen sein. Die Reise, die durch Kleinlichkeit begonnen wurde, endet im Erleiden ärmlicher Lebensumstände. Das ist die Wirkungsweise der Lehre vom *kamma*, wie sie der Erhabene Buddha erläuterte.

In diesem *sutta* werden zahlreiche Ungleichheiten in der Welt erwähnt, wie kurze oder lange Lebensdauer, schlechte oder gute Gesundheit, Schönheit oder Häßlichkeit, Kraft oder Schwäche, Reichtum oder Armut, niedrige oder hohe Geburt, Dummheit oder Weisheit usw. *Subha*, der Sohn *Todeyyas*, ist verwirrt, doch die Klarheit der Erläuterungen des Buddha lehrt ihn: »Eigner der Handlungen, Brahmane, sind die Wesen, Erben der Handlungen, Kinder der Handlungen, Geschöpfe der Handlungen, Knechte der Handlungen. Ihr Handeln scheidet die Wesen in Verkommene und Vorzügliche.«
Dieser klare Erläuterung gibt einer verwirrenden Thematik eine deutliche und wahrhaftige Ausrichtung.

Eine umfassende Analyse des Gesetzes vom *kamma*

Cūlakamma Vibhaṅga Sutta M. 135

1. Das habe ich gehört. Zu einer Zeit weilte der Erhabene bei *Sāvatthi*, im Siegerwalde, im Garten *Anāthapiṇḍikas*. Da begab sich denn *Subha*, ein junger Brahmane, der Sohn *Todeyyas*, dorthin, wo der Erhabene weilte, wechselte mit dem Erhabenen höflichen Gruß und freundliche, denkwürdige Worte und setzte sich seitwärts nieder. Seitwärts sitzend sprach nun *Subha*, der junge Brahmane, der Sohn *Todeyyas*, zum Erhabenen also:
2. »Was ist wohl, o Gotama, der Anlaß, was ist der Grund, daß man unter den menschlichen Wesen Verkommenheit und Vorzüglichkeit findet? Man sieht, o Gotama, kurzlebige Menschen und man sieht langlebige, man sieht kränkliche und man sieht gesunde, man sieht häßliche und man sieht schöne, man sieht wenig vermögende und man sieht viel vermögende, man sieht sehr arme und man sieht sehr reiche, man sieht niedriggestellte und man sieht hochgestellte, man sieht stumpfsinnige und man sieht scharfsinnige. Was ist da, o Gotama, der Anlaß, was ist der Grund, daß man unter den menschlichen Wesen Verkommenheit und Vorzüglichkeit findet?«
3. »Eigner der Handlungen, Brahmane, sind die Wesen, Erben der Handlungen, Kinder der Handlungen, Geschöpfe der Handlungen, Knechte der Handlungen. Ihr Handeln scheidet die Wesen in Verkommene und Vorzügliche.«

»Ich kann, was der Ehrenwerte Gotama in Kürze gesagt und nicht ausführlich dargestellt hat, nicht dem ganzen Sinn nach verstehen. Es wäre gut, wenn mir der Ehrenwerte Gotama die Lehre so darstellen könnte, daß ich den ganzen Sinn dieser Worte verstehen könnte.«

»Wohlan denn, Brahmane, so höre und achte wohl auf meine Rede.«

»Ja, Herr!« sagte da *Subha*, der junge Brahmane, der Sohn *Todeyyas*, aufmerksam zum Erhabenen. Der Erhabene sprach also:

4. »Da bringt, Brahmane, irgendein Weib oder ein Mann Lebendiges um, ist grausam und blutgierig, an Mord und Totschlag gewohnt, ohne Mitleid gegen Mensch und Tier. Da läßt ihn solches Wirken, also vollzogen, also vollbracht, bei der Auflösung des Körpers, nach dem Tode, abwärts geraten, auf schlechte Fährte, zur Tiefe hinab, in höllische Welt. Wenn er nicht dahin gelangt und Menschentum erreicht, wird er, wo er da neugeboren wird, kurzlebig sein. Das ist der Weg, Brahmane, der zu kurzem Leben führt, daß man da Lebendiges umbringt, grausam und blutgierig ist, an Mord und Totschlag gewöhnt, ohne Mitleid gegen Mensch und Tier.

5. Da hat wieder, Brahmane, irgendein Weib oder ein Mann das Töten verworfen, vom Töten hält er sich fern. Ohne Stock, ohne Schwert, einfühlsam, voll Hingabe, hegt er zu allen lebenden Wesen Liebe und Mitleid. Da läßt ihn solches Wirken, also vollzogen, also vollbracht, bei der Auflösung des Körpers, nach dem Tode, auf gute Fährte geraten, in himmlische Welt. Wenn er nicht dahin gelangt und Menschentum erreicht, wird er, wo er da neugeboren wird, langlebig sein. Das ist der Weg, Brahmane, der zu langem Leben führt, daß man da das Töten verworfen hat, vom Töten sich fernhält, ohne Stock, ohne

Schwert, einfühlsam, voll Hingabe zu allen lebenden Wesen Liebe und Mitleid hegt.

6. Da behandelt, Brahmane, irgendein Weib oder ein Mann die Wesen heftig und qualvoll, geht mit Fäusten, mit Steinen, mit Stöcken, mit Waffen gegen sie vor. Da läßt ihn solches Wirken, also vollzogen, also vollbracht, bei der Auflösung des Körpers, nach dem Tode, abwärts geraten, auf schlechte Fährte, zur Tiefe hinab, in höllische Welt. Wenn er nicht dahin gelangt und Menschentum erreicht, wird er, wo er da neugeboren wird, kränklich sein. Das ist der Weg, Brahmane, der zu Gebrechlichkeit führt, daß man da die Wesen heftig und qualvoll behandelt, mit Fäusten, mit Steinen, mit Stökken, mit Waffen gegen sie vorgeht.
7. Da behandelt wieder, Brahmane, irgendein Weib oder ein Mann die Wesen nicht heftig und qualvoll, geht nicht mit Fäusten, mit Steinen, mit Stöcken, mit Waffen gegen sie vor. Da läßt ihn solches Wirken, also vollzogen, also vollbracht, bei der Auflösung des Körpers, nach dem Tode, auf gute Fährte geraten, in himmlische Welt. Wenn er nicht dahin gelangt und Menschentum erreicht, wird er, wo er da neugeboren wird, sich guter Gesundheit erfreuen. Das ist der Weg, Brahmane, der zu guter Gesundheit führt, daß man da die Wesen nicht heftig und qualvoll behandelt, nicht mit Fäusten, mit Steinen, mit Stöcken, mit Waffen gegen sie vorgeht.
8. Da ist, Brahmane, irgendein Weib oder ein Mann zornig gesinnt, macht viel Geschrei; wenn ihm auch wenig gesagt wird, fährt er auf, erregt sich, ärgert sich, widersetzt sich, legt Verdrossenheit, Haß und Mißtrauen an den Tag. Da läßt ihn solches Wirken, also vollzogen, also vollbracht, bei der Auflösung des Körpers, nach dem Tode, abwärts geraten, auf schlechte Fähr-

te, zur Tiefe hinab, in höllische Welt. Wenn er nicht dahin gelangt und Menschentum erreicht, wird er, wo er da neugeboren wird, häßlich sein. Das ist der Weg, Brahmane, der zur Häßlichkeit führt, daß man da zornig gesinnt ist, viel Geschrei macht, wenn einem auch wenig gesagt wird, auffährt, sich erregt, sich ärgert, sich widersetzt, Verdrossenheit, Haß und Mißtrauen an den Tag legt.

9. Da ist wieder, Brahmane, irgendein Weib oder ein Mann nicht zornig gesinnt, macht nicht viel Geschrei; wenn ihm auch viel gesagt wird, fährt er nicht auf, erregt sich nicht, ärgert sich nicht, widersetzt sich nicht, legt nicht Verdrossenheit, Haß und Mißtrauen an den Tag. Da läßt ihn solches Wirken, also vollzogen, also vollbracht, bei der Auflösung des Körpers, nach dem Tode, auf gute Fährte geraten, in himmlische Welt. Wenn er nicht dahin gelangt und Menschentum erreicht, wird er, wo er da neugeboren wird, anmutig sein. Das ist der Weg, Brahmane, der zur Anmut führt, daß man da nicht zornig gesinnt ist, nicht viel Geschrei macht, wenn einem auch viel gesagt wird, nicht auffährt, sich nicht erregt, sich nicht ärgert, sich nicht widersetzt, nicht Verdrossenheit, Haß und Mißtrauen an den Tag legt.

10. Da ist, Brahmane, irgendein Weib oder ein Mann eifersüchtig: Wenn andere Verdienste haben, wertgeschätzt, hochgeschätzt, geachtet, geehrt, gefeiert werden, ist er neidisch, mißgünstig, frönt der Eifersucht. Da läßt ihn solches Wirken, also vollzogen, also vollbracht, bei der Auflösung des Körpers, nach dem Tode, abwärts geraten, auf schlechte Fährte, zur Tiefe hinab, in höllische Welt. Wenn er nicht dahin gelangt und Menschentum erreicht, wird er, wo er da neugeboren wird, wenig vermögen. Das ist der Weg, Brahmane, der zu Unfähigkeit führt, daß man da eifersüchtig ist, wenn

andere Verdienste haben, wertgeschätzt, hochgeschätzt, geachtet, geehrt, gefeiert werden, neidisch, mißgünstig ist, der Eifersucht frönt.

11. Da ist wieder, Brahmane, irgendein Weib oder ein Mann nicht eifersüchtig: Wenn andere Verdienste haben, wertgeschätzt, hochgeschätzt, geachtet, geehrt, gefeiert werden, ist er nicht neidisch, nicht mißgünstig, frönt keiner Eifersucht. Da läßt ihn solches Wirken, also vollzogen, also vollbracht, bei der Auflösung des Körpers, nach dem Tode, auf gute Fährte geraten, in himmlische Welt; oder wenn er nicht dahin gelangt und Menschentum erreicht, wird er, wo er da neugeboren wird, viel vermögen. Das ist der Weg, Brahmane, der zu viel Anerkennung führt, daß man da nicht eifersüchtig ist, wenn andere Verdienste haben, wertgeschätzt, hochgeschätzt, geachtet, geehrt, gefeiert werden, nicht neidisch, nicht mißgünstig ist, keiner Eifersucht frönt.

12. Da spendet, Brahmane, irgendein Weib oder ein Mann Asketen oder Priestern keine Gabe, Speise und Trank und Kleidung, Wagen und Schmuck und duftende Salben, Lager und Obdach und Licht. Da läßt ihn solches Wirken, also vollzogen, also vollbracht, bei der Auflösung des Körpers, nach dem Tode, abwärts geraten, auf schlechte Fährte, zur Tiefe hinab, in höllische Welt. Wenn er nicht dahin gelangt und Menschentum erreicht, wird er, wo er da neugeboren wird, wenig besitzen. Das ist der Weg, Brahmane, der zu Armut führt, daß man da Asketen oder Priestern keine Gabe spendet, Speise und Trank und Kleidung, Wagen und Schmuck und duftende Salben, Lager und Obdach und Licht.

13. Da spendet wieder, Brahmane, irgendein Weib oder ein Mann Asketen oder Priestern Gaben, Speise und Trank und Kleidung, Wagen und Schmuck und duftende Sal-

ben, Lager und Obdach und Licht. Da läßt ihn solches Wirken, also vollzogen, also vollbracht, bei der Auflösung des Körpers, nach dem Tode, auf gute Fährte geraten, in himmlische Welt. Wenn er nicht dahin gelangt und Menschentum erreicht, wird er, wo er da neugeboren wird, viel besitzen. Das ist der Weg, Brahmane, der zu Reichtum führt, daß man da Asketen oder Priestern Gaben zuwendet, Speise und Trank und Kleidung, Wagen und Schmuck und duftende Salben, Lager und Obdach und Licht.

14. Da ist, Brahmane, irgendein Weib oder ein Mann trotzig und hochmütig, grüßt keinen, der Gruß verdient, erhebt sich vor keinem, vor dem man sich erheben soll, bietet keinen Sitz an, wem ein Sitz gebührt, weicht auf dem Wege nicht aus, wem auszuweichen ist, hält einen Wertzuhaltenden nicht wert, schätzt einen Hochzuschätzenden nicht hoch, achtet keinen Achtbaren, ehrt keinen Ehrwürdigen. Da läßt ihn solches Wirken, also vollzogen, also vollbracht, bei der Auflösung des Körpers, nach dem Tode, abwärts geraten, auf schlechte Fährte, zur Tiefe hinab, in höllische Welt. Wenn er nicht dahin gelangt und Menschentum erreicht, wird er, wo er da neugeboren wird, niedrig gestellt sein. Das ist der Weg, Brahmane, der zu niedriger Stellung führt, daß man da trotzig und hochmütig ist, keinen grüßt, der Gruß verdient, sich vor keinem erhebt, vor dem man sich erheben soll, keinen Sitz anbietet, wem ein Sitz gebührt, auf dem Wege nicht ausweicht, wem auszuweichen ist, einen Wertzuhaltenden nicht wertschätzt, einen Hochzuschätzenden nicht hochschätzt, keinen Achtbaren achtet, keinen Ehrwürdigen ehrt.

15. Da ist wieder, Brahmane, irgendein Weib oder ein Mann nicht trotzig, nicht hochmütig, grüßt, wenn einer Gruß verdient, erhebt sich, wenn man sich vor einem erhe-

ben soll, bietet Sitz an, wem ein Sitz gebührt, weicht auf dem Wege aus, wem auszuweichen ist, hält einen Wertzuhaltenden wert, schätzt einen Hochzuschätzenden hoch, achtet einen Achtbaren, ehrt einen Ehrwürdigen. Da läßt ihn solches Wirken, also vollzogen, also vollbracht, bei der Auflösung des Körpers, nach dem Tode, auf gute Fährte geraten, in himmlische Welt. Wenn er nicht dahin gelangt und Menschentum erreicht, wird er, wo er da neugeboren wird, hoch gestellt sein. Das ist der Weg, Brahmane, der zu hoher Stellung führt, daß man da nicht trotzig, nicht hochmütig ist, grüßt, wenn einer Gruß verdient, sich erhebt, wenn man sich vor einem erheben soll, Sitz anbietet, wem ein Sitz gebührt, auf dem Wege ausweicht, wem auszuweichen ist, einen Wertzuhaltenden wertschätzt, einen Hochzuschätzenden hochschätzt, einen Achtbaren achtet, einen Ehrwürdigen ehrt.

16. Da ist, Brahmane, irgendein Weib oder ein Mann einem Asketen oder einem Priester begegnet und erkundigt sich nicht: ›Was ist heilsam, o Herr, was ist unheilsam, was ist unrecht und was ist recht, was ist zu betreiben und was ist nicht zu betreiben? Was kann mir, indem ich es tue, lange zum Unheil und Leiden gereichen, und was kann mir wieder indem ich es tue, lange zum Wohl, zum Heil gereichen?‹ Da läßt ihn solches Wirken, also vollzogen, also vollbracht, bei der Auflösung des Körpers, nach dem Tode, abwärts geraten, auf schlechte Fährte, zur Tiefe hinab, in höllische Welt. Wenn er nicht dahin gelangt und Menschentum erreicht, wird er, wo er da neugeboren wird, unverständig sein. Das ist der Weg, Brahmane, der zur Unverständigkeit führt, daß man da einem Asketen oder einem Priester begegnet und sich nicht erkundigt: ›Was ist heilsam, o Herr, was ist unheilsam, was ist un-

recht und was ist recht, was ist zu betreiben und was ist nicht zu betreiben; was kann mir, indem ich es tue, lange zum Unheil und Leiden gereichen, und was kann mir, wieder indem ich es tue, lange zum Wohl, zum Heil gereichen?‹

17. Da ist wieder, Brahmane, irgendein Weib oder ein Mann einem Asketen oder einem Priester begegnet und erkundigt sich: ›Was ist heilsam, o Herr, was ist unheilsam, was ist unrecht und was ist recht, was ist zu betreiben und was ist nicht zu betreiben? Was kann mir, indem ich es tue, lange zum Unheil und Leiden gereichen, und was kann mir, wieder indem ich es tue, lange zum Wohl, zum Heil gereichen?‹ Da läßt ihn solches Wirken, also vollzogen, also vollbracht, bei der Auflösung des Körpers, nach dem Tode, auf gute Fährte geraten, in himmlische Welt. Wenn er nicht dahin gelangt und Menschentum erreicht, wird er, wo er da neugeboren wird, wissensmächtig sein. Das ist der Weg, Brahmane, der zur Wissensmacht führt, daß man da einem Asketen oder einem Priester begegnet und sich erkundigt: ›Was ist heilsam, o Herr, was ist unheilsam, was ist unrecht und was ist recht, was ist zu betreiben und was ist nicht zu betreiben; was kann mir, indem ich es tue, lange zum Unheil und Leiden gereichen, und was kann mir, wieder indem ich es tue, lange zum Wohl, zum Heil gereichen?‹

18. So läßt denn, Brahmane, der Weg, der zu kurzem Leben führt, kurzlebig werden; der Weg, der zu langem Leben führt, langlebig werden; der Weg, der zu Gebrechen führt, kränklich werden; der Weg, der zu Rüstigkeit führt, rüstig werden; der Weg, der zur Häßlichkeit führt, häßlich werden; der Weg, der zur Anmut führt, anmutig werden; der Weg, der zu Armut führt, arm werden; der Weg, der zu viel Vermögen führt, viel ver-

mögend werden; der Weg, der zu wenig Besitz führt, wenig besitzend werden; der Weg, der zu viel Besitz führt, viel besitzend werden; der Weg, der zu niedriger Stellung führt, niedrig gestellt werden; der Weg, der zu hoher Stellung führt, hoch gestellt werden; der Weg, der zur Unverständigkeit führt, unverständig werden; der Weg, der zur Wissensmacht führt, wissensmächtig werden.

19. Eigner der Handlungen, Brahmane, sind die Wesen, Erben der Handlungen, Kinder der Handlungen, Geschöpfe der Handlungen, Knechte der Handlungen. Ihr Handeln scheidet die Wesen in Verkommene und Vorzügliche.«

20. Nach dieser Rede sprach *Subha,* der junge Brahmane, der Sohn *Todeyyas*, zum Erhabenen also: »Vortrefflich, o Gotama, vortrefflich, o Gotama! Gleichwie etwa, o Gotama, als ob einer Umgekehrtes aufkehrte oder Verborgenes enthüllte oder Verirrten den Weg wiese oder Licht in die Finsternis brächte: ›Wer Augen hat, wird die Dinge sehn‹: Ebenso auch ist vom Ehrenwerten Gotama die Lehre gar mannigfach dargelegt worden. Und so nehme ich Zuflucht beim Ehrenwerten Gotama bei der Lehre und bei der Jüngerschaft. Möge mich der Edle Gotama von heute an zeitlebens als getreuen Anhänger betrachten.«

Die Geschichte vom hochmütigen Geizhals

Der Brahmane *Subha* konnte die Vorstellung, daß ein Mensch als Tier wiedergeboren werden kann, nicht akzeptieren, ganz besonders, da es sich bei dem wiedergeborenen Menschen um seinen eigenen Vater handeln sollte, einen gebildeten, wohlhabenden Priester. Ihm war nicht klar, daß der Vorgang der Wiedergeburt einer eigenen Logik folgt, die unsere gewöhnliche Vorstellung überschreitet. Wer sich verhält wie ein Tier, muß auch als solches enden. Mit der entsprechenden Wiedergeburt bewahrheitet sich dieses Gesetz.

Als der Buddha zu ihm sprach: »Eigner der Handlungen, Brahmane, sind die Wesen, Erben der Handlungen, Kinder der Handlungen, Geschöpfe der Handlungen, Knechte der Handlungen. Ihr Handeln scheidet die Wesen in verkommene und vorzügliche«, da verkündete er lediglich die Wahrheit, er postulierte weder ein Dogma noch eine fatalistische Sichtweise. Wer aus theologischen oder materialistischen Gründen die Wiedergeburt bestreitet, hat unglücklicherweise eine angeborene Schwierigkeit, diese Wahrheit zu verstehen. Nur durch die Kraft der Wahrheit, die der Buddha dem jungen *Subha* offenbarte, erwachte in diesem das Verständnis.

Es folgt nun die Geschichte des *Todeyya* aus den Kommentaren. In dieser Erzählung wird die Wiedergeburt *Todeyyas* als Hund bewiesen, was zur spirituellen Verwandlung seines materialistisch denkenden Sohnes *Subha* führt. Er gab seinem Sohn den Namen *Subha* wegen dessen Schönheit und Freundlichkeit. Selbst als *Subha* schon ein alter Mann war, nannte man ihn, seiner jugendlichen Attraktivität wegen, noch immer bei seinem Kosenamen aus Kindertagen, *Mānavo. Todeyya, Subhas* Vater und königlicher Brahmane lebte in *Tudi*, einem blühenden Ortsteil der Gemeinde *Savatthi.* Sein Name, *Todeyya,* bezeichnet ihn als Oberhaupt dieser Siedlung. Er war ungeheuer wohlhabend und besaß sehr viel Geld, doch er war ein schrecklicher Geizkragen. Er glaubte, daß jemand, der gibt, zwangsläufig verarmen muß, und spendete daher niemals Almosen. Er untermauerte seinen Geiz mit Aussagen wie: »Beachte wohl nichts zu verschwenden, nimm dir zum Vorbild, wie die Termiten ihren Hügel aufschichten oder wie die Bienen ihren Haushalt führen.«

Obwohl sich der Erhabene Erleuchtete Buddha lange Zeit in einem Kloster nahe *Todeyyas* Haus aufhielt, spendete dieser niemals auch nur einen Löffel voll Reis. Zuletzt starb er, verblendet von Habsucht, und wurde in seinem eigenen Haushalt als Hund wiedergeboren. Es begab sich nun, daß Subha eine besondere Zuneigung zu diesem Hund empfand. Er ließ ihm besondere Speisen zubereiten und ein eigenes Bett für ihn herrichten. Letztlich nahm er den Hund sogar fürsorglich in sein eigenes Bett auf.

Eines frühen Morgens, als der Erhabene in Meditation weilte, erkannte er den Hund in einer Vision und sah voraus: »Jener Brahmane, *Todeyya,* ist aus schierer Geldgier nun als Hund in seinem eigenen Hause wiedergeboren worden. Wenn ich heute das Haus *Subhas* besuche wird dieser Hund mich anbellen. Das wird mir die Möglichkeit geben zu ihm zu sprechen und er wird wissen: »Oh, der Mönch *Gotama* erkennt mich.« Er wird sich von mir wenden und sich auf den Aschehaufen legen. Dieses Zusammentreffen wird zu einem Gespräch zwischen *Subha* und mir führen. Nachdem er die spirituellen Erläuterungen gehört hat, wird er Zuflucht nehmen. Der Hund jedoch wird sterben und in der Hölle wiedergeboren werden.«

So sah der Erhabene die bevorstehende spirituelle Läuterung *Subha Mānavas* und dessen Zuflucht voraus. Nachdem er seine morgendliche Waschung beendet hatte, begab sich der Erhabene in die Ortschaft Tudi und betrat, als dieser es gerade verließ, Subhas Haus auf seiner Almosenrunde. Als er ihn sah, bellte der Hund und wollte den Gesegneten angreifen. Der Buddha sprach zu ihm: »Todeyya, einst sahst du aus Kasten-Arroganz auf mich herab. Und nun bist du ein Hund! Daß du mich nun so bösartig anbellst, wird noch die Pforten der Hölle für dich öffnen.« Als der Hund dies hörte, verstand er: »Dieser Mönch, *Gotama*, kennt mich wirklich.« Er empfand tiefe Schuld, ließ den Kopf hängen und zog sich auf den Aschehaufen neben dem Ofen zurück.

Die Bediensteten vergaßen den Hund aus der Asche zu holen und wieder in sein Bett zu bringen. Als *Subha* zurückkehrte und ihn in diesem Zustand vorfand, fragte er: »Wer hat ihn aus dem Bett genommen und dorthin gebracht?« Die Bediensteten antworteten: »Niemand tat dies.« Und daraufhin berichteten sie von dem Vorfall. Als er dies hörte sagte *Subha*: »Mein Vater ist im Bereich der Brahma-Götter wiedergeboren worden. Es gibt keinen Hund mit Namen Todeyya. Der Mönch *Gotama* bezeichnet meinen Vater fälschlicherweise als Hund.« Dann begab er sich wutschnaubend zu dem Kloster, um den Erhabenen herauszufordern. Als er dort angekommen war, bezichtigte er den Buddha der Lüge, da er eine solch ungeheuerliche Behauptung in die Welt setze.

Der Buddha wiederholte die Begebenheit wahrheitsgemäß. Dann stellte er *Subha*, um ihn eines Besseren zu belehren und ihm seinen versteckten Zynismus zu nehmen, folgende Frage: » Nun, mein lieber Freund, hatte dein Vater Reichtümer, die er vor dir geheimhielt?« – » Ja, o *Gotama*, es gibt einige Gegenstände, die in seinem Nachlaß fehlen, eine goldene Kette im Werte von einem Lakh, Sandalen aus purem Gold im Werte von einem Lakh, ein goldenes Gefäß im Werte von einem Lakh und ein Lakh in bar.« – »Gut, mein Lieber, dann geh nun und füttere den Hund mit Milchbrei, der nicht mit Wasser verdünnt wurde, lege ihn dann aufs Bett, und wenn er gerade einschlafen will, frage ihn liebevoll nach diesen Gegenständen. Er wird sie dir alle zeigen. Dann wirst du zweifelsfrei wissen, daß er dein Vater ist!«

Subha dachte: »Wenn es stimmt, was er sagt, werde ich Reichtum ernten, wenn nicht, werde ich den Mönch *Gotama* der Lüge bezichtigen.« Den jungen *Subha* erfüllten beide Vorstellungen mit unendlicher Befriedigung. Er ging nach Hause und tat genau, wie ihm geheißen war. Der Hund jammerte laut, als er sich erkannt fühlte, lief geradewegs zu dem Ort, an dem sich die versteckten Kostbarkeiten befanden, und begann, mit seinen Pfoten in der Erde zu graben, wodurch er den Weg zu dem geheimen Versteck freilegte.

Nachdem er die Schätze geborgen hatte, dachte der junge Brahmane: »Wie wunderbar, daß ein so subtiles Phänomen wie der unterbewußte Gedankenstrom, der tief in der Psyche dieses Hundes vergraben lag, versteckt vor aller Welt, dem Mönch *Gotama* bekannt war! Ohne Zweifel ist er der Erleuchtete.« So formulierte er, voll unerschütterlicher Hingabe zum Erwachten, vierzehn Fragen. Da *Subha* der Astrologie und der Charakterbestimmung anhand körperlicher Merkmale kundig war, beschloß er: »Während ich ihn beobachte, um mein Wissen anzuwenden, werde ich ihm diese Fragen zum *dhamma* stellen.« Dann begab er sich ein zweites Mal zum Aufenthaltsort des Erhabenen. Der Buddha erläuterte, was *Subha* nicht richtig verstanden hatte, kurz und klar. Die Erklärungen waren so leichtverständlich, daß sie *Subhas* Geist von seiner intellektuellen Arroganz befreiten und ihn Bescheidenheit lehrten. Als er sich seiner geistigen Beschränktheit bewußt wurde, da wurde er bescheiden. Daraufhin erläuterte der Buddha ihm die Lehre vom *kamma* im Detail.

Laut buddhistischer Psychologie bilden Neid, *issā*, und Geiz, *macchariya*, die zweifache Ursache für Verbitterung, *dosa-yuganaddha*. Während der Neid anderen ihren Erfolg oder den Genuß ihres Eigentums mißgönnt, mißgönnt der Geiz anderen den Genuß am Eigentum des Geizhalses oder deren Versuch, ebenfalls Zugang zur Welt des Erfolgs und Reichtums zu erhalten. Aufgrund ihrer unterschiedlichen Ursachen erscheinen *issā* und *macchariya* nicht gemeinsam in demselben bösartigen Bewußtseinsmoment, *dosa citta*. Sie treten getrennt voneinander auf, weil nur ein Bewußtseinszustand in einem Moment wirksam sein kann. Man faßt sie jedoch in der Analyse zusammen.

Es heißt, Hunde seien ungemein besitzergreifend, eine Qualität, die den Geizhals charakterisiert. Da Todeyya zwanghaft besitzgierig und geizig war, endete er als Hund. Während diese schlichte Logik den meisten Menschen in buddhistischen Gesellschaften einleuchtet, wird sie von intellektuellen Menschen, deren Geist durch eine die Wiedergeburt verneinende Theologie konditioniert ist oder die dem materialistischen Zynismus erlegen sind, häufig nicht verstanden. Todeyya war ebenso hochmütig und eingebildet, wie es die Hunde sind. Die Bezeichnung Wachhund ist ein Euphemismus für diese extreme Arroganz. Der Hund maßt sich an, seinen Herrn und dessen Eigentum zu beschützen. Was auf menschlicher Ebene als Gedanke kultiviert wird, das wird auf der tierischen Ebene zum Instinkt. Die Moral der Geschichte lautet also: »Übles widerfährt dem, der Übles denkt.«

Die Geschichte vom knauserigen Hamster

Savatthi war die Hauptstadt des Königreiches *Mahākosala.* Wie alle Hauptstädte war auch *Savatthi* eine Finanz- und Kulturmetropole. Es gab einerseits großen Wettstreit um die Ansammlung von Reichtümern, andererseits aber auch eine weitverbreitete Frömmigkeit. Das Leben war durchdrungen von der Anbetung und der Jagd nach Macht und Mammon oder nach Heiligkeit, wie es auch typisch für das heutige Leben ist. Während viele Menschen, einschließlich des Königs, angeregt durch die Gegenwart des Buddha, Wohltätigkeit übten, den moralischen Regeln folgten und regelmäßig meditierten, gab es auch eine Gruppe von Millionären, die nicht nur den Sinn und Nutzen der Wohltätigkeit verneinten, sondern diese Vorstellung auch zum Glauben erhoben.

Als prominente Mitglieder dieses »Wir-geben-nichts-Clubs« werden in den Kommentaren unter anderem *Todeyya, Ananda, Subha* und *Mūlasiri* genannt. Diese Millionäre waren unverbesserlich kleinlich und übellaunig, obwohl sie das Amt des königlichen Schatzmeisters bekleideten, was mit unserem heutigen Finanz- und Wirtschaftsminister vergleichbar ist.

Die Geschichte des Schatzmeisters *Ananda* veranschaulicht die Lehre des Buddha im *Cūlakammavibhaṅga Sutta*, nämlich: »Eigner der Handlungen, Brahmane, sind die Wesen, Erben der Handlungen, Kinder der Handlungen, Geschöpfe der Handlungen, Knechte der Handlungen. Ihr Handeln scheidet die Wesen in Verkommene und Vorzügliche.«.

Der Schatzmeister *Ananda* hatte seinen Sohn *Mūlasiri*, Ruhm dem Wohlstand, genannt, um seiner eigenen Lebensphilosophie zu huldigen. Er organisierte alle vierzehn Tage, zu Vollmond und zu Neumond, eine große Feierlichkeit, obwohl diese Tage normalerweise von Laien und Mönchen als Zeit des Rückzugs betrachtet wurden. Die Vollmond- und Neumondtage verbrachte der Buddha gewöhnlich mit seinen Anhängern und Schülern mit Wohltätigkeit, Beachtung der Sittlichkeit und intensiver Meditation. *Ananda* mißachtete dies und versammelte all seine Freunde und Verwandte um sich. Er setzte sie einer Gehirnwäsche aus, die den Geist seiner Zuhörer der Ideologie des »ständigen Vermehrens« und »niemals Teilens« von Wohlstand gefügig machen sollte. Er schwärmte von der fieberhaften und niemals endenden Sammelaktivität der Bienen und Termiten. Er erging sich in langatmigen Erklärungen darüber, wie sogar etwas so selten Verwendetes wie ein Kajal, hergestellt aus Asche und Öl, verschwendet würde, wenn man ihn benutzt. Er behauptete, daß Geldausgeben kriminell sei. Man solle immer nur die Außenstände der anderen anmahnen und sich um die eigenen Zahlungsverpflichtungen nicht kümmern.

Diese Lebensphilosophie ließ ihn unermeßliche Reichtümer ansammeln, die er in fünf verschiedenen Schatzhöhlen versteckte, die nicht einmal seiner Frau und seinem Sohn bekannt waren. Geizig wie er war, kam es ihm nie in den Sinn, daß er den Nutzen seines Reichtums nicht nur sich selbst, sondern auch vielen anderen Menschen vorenthielt. Ohne jemals einen weisen Gedanken gehabt zu haben, und völlig unvorbereitet starb er eines Tages unter schlechten Umständen.

Dies ist die Geschichte vom Wandeln des Geizhalses *Ananda* auf dieser Erde. Es begab sich also, daß in Savatthi ein Millionär mit Namen *Ananda* lebte, der vierzig Lakh Gold besaß und ein schrecklicher Geizhals war. Einmal alle vierzehn Tage versammelte er die Mitglieder seiner Familie und andere Verwandte um sich und ermahnte seinen Sohn, *Mūlasiri*, dreimal täglich, am Morgen, am Mittag und am Abend, »Glaubt nicht, daß vierzig Lakh Gold zu besitzen großen Reichtum bedeutet. Gebt niemals her, was ihr besitzt, sondern häuft immer mehr Besitztümer an. Wenn man erst einmal mit der Verschwendung begonnen hat, verliert man Stück für Stück alles, was man hat. Deshalb lehrten uns die Alten: ›Beachtet wohl, nichts zu verschwenden, nehmt euch zum Vorbild, wie die Termiten ihren Hügel aufschichten oder wie die Bienen ihren Haushalt führen.‹« Ohne seinem Sohn die fünf Schatzhöhlen gezeigt zu haben, starb er dann, besessen vom Horten seiner Reichtümer und von Habgier zerfressen, und wurde in einer Ortschaft wiedergeboren, die von den Kastenlosen bewohnt wurde.

Seit eine ihrer Frauen den ehemaligen *Ananda* empfangen hatte, erhielten die tausend Kastenlosen, die sich als Leiharbeiter verdingten, keinen Lohn mehr, um ihr Überleben zu sichern. Sie sprachen miteinander und kamen zu dem Schluß: »Obwohl wir hart arbeiten, erhalten wir keinen Lohn und nicht einmal ein wenig Reis zum Überleben. Unter uns muß sich einer befinden, der uns Unglück bringt.« Sie teilten sich in zwei Nachforschungsgruppen auf, und während *Anandas* Vater und Mutter nicht zu Hause waren, kamen sie zu dem Ergebnis: »Nur in dieser Familie kann der Unglücksbringer geboren worden sein.« Daraufhin verstießen sie die Mutter aus der Gemeinschaft. Und so geschah es, daß der ehemalige Millionär wegen seines Geizes und seiner verdrehten Ansichten zum Ausgestoßenen unter Ausgestoßenen (Kastenlosen) wurde.

Vom Augenblick der Empfängnis an bereitete es *Anandas* Mutter große Probleme, auch nur die zum Überleben nötige Nahrung zu beschaffen. Als sie ihn geboren hatte, stellte sie fest, daß sich seine Hände, Füße, Ohren, seine Nase und sein Mund nicht da befanden, wo sie hingehörten. So monströs wie er war, sah er aus wie ein abstoßender Geist. Doch seine Mutter nahm ihn trotzdem an, denn die Liebe einer Mutter zu dem Kind, das sie in ihrem Bauch getragen hat, ist wahrlich unermeßlich. Es war schwer für sie, ihn großzuziehen. Sie bekam keine Arbeit, wenn sie ihn auf dem Rücken trug, nur wenn sie ihn zu Hause ließ, fand sie Arbeit. Als er alt genug zum Betteln war, gab sie ihm eine Tonschale in die Hand und schickte ihn mit folgenden Worten auf den Weg: »Mein Sohn, wegen dir haben wir all diese Schwierigkeiten, ich kann dich jetzt nicht mehr unterstützen. In der Stadt gibt man den Armen und den Reisenden Nahrung. Geh, und erbettele dir deinen Lebensunterhalt selbst.«

Wie er so von Haus zu Haus zog, kam er zur Schwelle des Hauses, in dem er als Schatzmeister *Ananda* gelebt hatte. Plötzlich erinnerte er sich an sein früheres Leben. Dann betrat er, von Gefühlen überwältigt, sein ehemaliges Heim. Als er die drei ersten Innenhöfe durchschritt, bemerkte ihn niemand. Doch als er den vierten Hof betrat, erschraken die Kinder des Schatzmeisters *Mūlasiri* bei seinem Anblick und schrien laut auf. Die Angestellten des Schatzmeisters erschienen und riefen: »Du Ungeheuer, verschwinde von hier!« Sie schlugen ihn und warfen ihn hinaus in die Gosse.

Nun begab es sich, daß der Buddha, in Begleitung des Ehrenwerten *Ananda*, auf seiner Almosenrunde an jenen Ort kam. Die dort versammelten Ältesten baten ihn, die Wahrheit zu enthüllen. So erzählte er die ganze Geschichte. Daraufhin schickten die Ältesten nach *Mūlasiri*. Eine große Menschenmenge hatte sich inzwischen angesammelt. Der Buddha wandte sich an *Mūlasiri* und fragte ihn: »Kennst du das Monsterkind?«, worauf dieser antwortete: »Ich kenne es nicht, Ehrenwerter Herr.« Da erwiderte der Erhabene: »Dies ist dein Vater, der Schatzmeister *Ananda*!« Als *Mūlasiri* sich weigerte, dies zu glauben, wandte sich der Buddha an das Monsterkind und sprach: »Komm, *Ananda*, zeige deinem Sohn die fünf Schatzhöhlen!« Als die Höhlen gefunden waren und die Tatsache bewiesen war, mußte *Mūlasiri* dem Buddha Glauben schenken und bat beim Erhabenen um Zuflucht. Dieser sprach:

Meine Kinder, mein Besitz!
So sorgt sich der Unwissende.
Aber wie besäße er denn Kinder oder Besitz,
wenn er noch nicht einmal ein eigenes Selbst besitzt.

(Dhammapada 62)

Es wird berichtet, daß viele der Zuhörer nach diesem Vorfall zur Lehre des Buddha Zuflucht nahmen. Warum war *Ananda* als menschlicher Kobold wiedergeboren worden, als Unglücksbringer? Die Ursache ist offensichtlich. Wegen seiner verdrehten Ansichten und seines koboldartigen Lebenswandels voll geiziger und knauseriger Äußerungen, mußte er unweigerlich in einer kummervollen Existenz als kastenloses, entstelltes Monster enden. Er brachte vom Zeitpunkt seiner Geburt an nur Unglück über sich selbst, seine Familie und die Gemeinschaft.

Ihm wohnte eine zerstörerische Kraft inne, die Unglück hervorbrachte, wo immer er hinging. Außerdem war er mit der psychischen Fähigkeit ausgestattet sich an sein vergangenes Leben zu erinnern. Diese Fähigkeit wird als *kammaja iddhi* bezeichnet. Für gewöhnlich nimmt man an, daß spirituell hoch entwickelte Wesen diese Fähigkeit besitzen. Doch aus den beiden Geschichten geht klar hervor, daß auch Wesen einer niedrigeren Kategorie übernatürliche Kräfte besitzen können. Solche Fähigkeiten sind nicht unbedingt Ausdruck von hoher Verwirklichung. Sie spiegeln nicht die spirituelle Entwicklung der jeweiligen Person wieder. Sie können einen selbst und andere sogar ganz schön in die

Irre führen. Man sollte deshalb zur Schau gestellte psychische Fähigkeiten, wie etwa die Materialisation von Gegenständen, nicht irrtümlich für ursprüngliche Spiritualität halten.

Das Große Mitleid des Buddha rettete sowohl das Monsterkind als auch *Mūlasiri*. Und nach der Lehrrede über das Übel der Besitzgier wurde ebenfalls eine große Menge Menschen verwandelt. Die Ungleichheiten in dieser Welt, wie sie in der Geschichte vom Monsterkind zutage treten, können nicht durch eine egalitäre Gesellschaft behoben werden. Sie können nur durch eine sittliche und spirituelle Lebensführung, wie sie der Erleuchtete Buddha lehrte, verhindert werden.

Die analytische Annäherung

Vibhajjavāda

Die analytische Annäherung ist die objektive Analyse und Erforschung der Realität und wird auch als Pfad der Unterscheidung, *vibhajjavāda*, bezeichnet. Man bezeichnet den Erhabenen Buddha auch als *vibhajjavādi*, Meister der Unterscheidung, einzigartig in der Analyse der Wahrheit, von vollkommenem Urteilsvermögen und absoluter Erkenntnis. Im *Aṅguttara Nikāya* wird der Erleuchtete Höchster Analyst der Wahrheit, *vibhajjavādinaṃ aggo*, genannt. »Indem aber der Erhabene das zu Tadelnde tadelt und das zu Lobende lobt, ist eben der Erhabene ein analysierender Lehrer und ist nicht einseitig in seiner Lehre.« (A. X. 94)

Vibhajjavāda ist die älteste bekannte Bezeichnung für die Lehre des Buddha, die später als Pfad der Ältesten, *Theravāda*, bekannt wurde. Wesentlich später wurde im Zuge der Verbreitung des *Mahāyāna* leider auch die abwertende Bezeichnung *Hīnayāna*, kleines Fahrzeug, gebräuchlich.

Das Einzigartige am *Buddhadhamma* ist seine analytische Annäherung. Ihn als Religion, ethisches System, wissenschaftlichen Humanismus usw. zu bezeichnen wäre falsch. Obwohl der Buddhismus Elemente all dieser Denkmodelle enthält, transzendiert er sie doch letztlich durch seine einzigartige Annäherung an die Wirklichkeit – den Pfad der Unterscheidung.

Die Methode der Analyse

Im *Mahā Kamma Vibhaṅga Sutta* (M 136) wird die Anwendung der *Vibhajjavāda*-Technik besonders deutlich. Ein Laie versucht einen jungen Mönch durch seine weltgewandte Rede in die Irre zu führen. Der Mönch jedoch, obwohl unerfahren, protestiert gegen die Fehlinterpretation des *dhamma*. *Potaliputta,* der Laie, hatte den Buddha in falschem Zusammenhang zitiert und behauptet, dieser lehre, daß nur geistige Handlungen, *mano kamma*, in der Lage seien, Resultate hervorzubringen. Körperliche und sprachliche Handlungen, *kāya kamma* und *vacī kamma*, hingegen seien wirkungslos. Raffiniert verwickelt er den Mönch in eine Debatte, in welcher er eine Antwort auf eine einseitige Halbwahrheit fordert. Als der junge Mönch dem Buddha von diesem Gespräch berichtet, rät der Erhabene ihm ruhig und liebevoll, zur Anwendung der analytischen Untersuchung der Realität, *Vibhajjavāda*. Zweifellos spielt *mano kamma* die Hauptrolle, da der Geist der Ursprung aller Aktivität ist. Er ist aber eben nicht die einzige Handlung, die Auswirkungen hat. Die beiden Aktivitäten der Sprache und des Körpers sind ebenso wirkungsvoll, da sie alle vier Wirkungen hervorrufen können, einschließlich der Erzeugung von Wiedergeburt. Wären *kāya* und *vacī kamma* so wirkungslos, gäbe es auch keinen Bedarf für sittliches Verhalten. *Sila*, die Grundlage des buddhistischen Lebens, basiert ja gerade auf *kāya* und *vacī kamma,* denen das allgegenwärtige *mano kamma* zugrunde liegt. Von den zehn unheilsamen Wirkensfährten, *kammapathas*, nämlich Töten, Stehlen, Ehebrechen, Lüge, Hinterbringung, rohe Rede, törichte Rede, Habgier, Übelwollen und üble Ansichten, sind die ersten drei *kāya kamma*, die letzten drei sind *mano kammas* und die vier mittleren sind *vacī kammas*. Alle zehn unheilsamen Wirkensfährten haben die Fähigkeit, Wiedergeburt zu erzeugen, weshalb man sie auch als Wiedergeburt erzeugende Handlungen, *janaka kamma*, bezeichnet.

Zukunftsgestaltung

Vibhajjavāda ermöglicht ein tieferes Eindringen in die Wirkungsweise der drei *kammas*. Daher rät der Buddha dem jungen Mönch, er möge eine Antwort geben, die auf einer analytischen Untersuchung basiert. Die Frage *Potaliputtas* lautete: »Wenn jemand eine bewußte Handlung in Taten, Worten und Gedanken vollzieht, was widerfährt ihm dann?«, worauf der Mönch erwiderte: »Wenn jemand eine bewußte Handlung vollzieht, dann erfährt er Leid.«

Die analytische Annäherung hätte gelautet: »Wenn jemand bewußte Handlungen in Taten, Worten und Gedanken begeht, so wird er Freude empfinden bei solchen Handlungen, die Freude in der Zukunft hervorbringen. Genauso verhält es sich mit Handlungen, die in der Zukunft Leid hervorbringen, oder neutralen Handlungen, die in der Zukunft weder Freude noch Leid hervorbringen.« Das Gefühl, das zum Zeitpunkt der Handlung vorherrscht, gilt als Indikator für die Folgen der Handlung. Wird jemand eine glückliche Wiedergeburt aufgrund einer bestimmten Handlung erfahren, dann spiegelt sich dieses Glück auch schon während der Handlung wider.

Da die Gegenwart die Zukunft formt, kann man, mit Hilfe der analytischen Untersuchung, seine gegenwärtigen Handlungen derart gestalten, daß einem eine glückliche Zukunft sicher ist. Was vergangen ist, ist vorbei und kann nicht mehr geändert werden. Die Zukunft ist noch nicht da, ist ungewiß und gibt keinen Anlaß zur Sorge. Die Gegenwart ist immer da, sie ist die einzige greifbare Wirklichkeit. Ist die Gegenwart recht geformt, so entsteht auch eine glückliche Zukunft.

Siebenfache Beziehungen

Der Erhabene Buddha erwähnt in dem *sutta* vier Arten von Individuen und vier Arten von *kamma*. *Vibhajjavāda* verdeutlicht, daß das Individuum aus seinen Handlungen entsteht. Letztlich läßt sich jedes Individuum auf seine Handlungen zurückführen. Handelt man achtsam, so ist auch das künftige Wohlergehen gesichert. Die Annäherung an die Wirklichkeit mit Hilfe der Gegenüberstellung von Individuum und Handlung bedeutet letztlich, daß unser Verhalten unser Schicksal bestimmt. Ein interessanter Aspekt des *suttas* ist, daß der Besitz besonderer geistiger Fähigkeiten einen trotzdem in die Irre führen kann, wenn man nicht der analytischen Untersuchung der Wirklichkeit fähig ist.

1. Der Weise »A« sieht, in einer hellsichtigen Vision, ein Wesen alle Arten Übles tun, und später nimmt er wahr, daß dieses Wesen nach dem Tode in einem unglücklichen Zustand wiedergeboren wird. So verknüpft er das Fehlverhalten mit dem traurigen Schicksal und folgert unmittelbar, daß da etwas existiert, das man üble Handlungen und ihre Konsequenzen nennt. Wer daher Übles tut, muß kraft dieser Tat in einem leidvollen Zustand wiedergeboren werden. »A« glaubt, nur wer es so versteht, versteht es richtig, alles andere ist falsch, weil er selbst es so sieht.
2. Der Weise »B« sieht, in einer hellsichtigen Vision, ein Wesen, das, nachdem es viel Übles tat, in einem unglücklichen Zustand wiedergeboren wird. So verknüpft er das Fehlverhalten mit einem glücklichen Schicksal und folgert, daß da nichts existiert, was man üble Hand-

lungen und ihre Konsequenzen nennt. Wer daher Übles tut, wird in einem glücklichen Zustand wiedergeboren. »B« glaubt, nur wer es so versteht, versteht es richtig, alles andere ist falsch, weil er selbst es so sieht.

3. Der Weise »C« sieht, in einer hellsichtigen Vision, ein Wesen, das, nachdem es sich von Üblem enthielt und viel Gutes getan hat, in einem glücklichen Zustand wiedergeboren wird. So verknüpft er das gute Verhalten mit dem glücklichen Schicksal und folgert unmittelbar, daß da etwas existiert, das man Handlungen und ihre Konsequenzen nennt. Wer daher Gutes tut, wird in einem glücklichen Zustand wiedergeboren werden. »C« glaubt, nur wer es so versteht, versteht es richtig, alles andere ist falsch, weil er selbst es so sieht.
4. Der Weise »D« sieht, in einer hellsichtigen Vision, ein Wesen, das, nachdem es Gutes tat, in einem unglücklichen Zustand wiedergeboren wird. So verknüpft er das gute Verhalten mit einem unglücklichen Schicksal und folgert unmittelbar, daß da nichts existiert, was man gute Handlungen und ihre Konsequenzen nennt. Wer daher Gutes tut, wird in einem unglücklichen Zustand wiedergeboren. »D« glaubt, nur wer es so versteht, versteht es richtig, alles andere ist falsch, weil er selbst es so sieht.

Ein Asket, der durch enorme ethische und geistige Disziplin die Fähigkeit der Hellsichtigkeit erlangt hat, ist niemand, den man so leicht des Irrtums bezichtigen würde, und Hellsichtigkeit muß auch nicht unbedingt eine halluzinatorische Erfahrung sein. Es kann eine außergewöhnliche Fähigkeit sein, die Tatsachen zeigt. Da die vier Weisen jedoch keine analytische Untersuchung anwendeten, sahen sie immer nur eine Facette des Ursache-Wirkung-Zusammenhangs. Mit Hilfe der analytischen Annäherung unterschied der Buddha genau vier Möglichkeiten, *kamarāsi*, oder Handlungsansammlungen, wo die Weisen jeweils nur eine Möglichkeit erkannten. Außerdem erkannte der Buddha drei Wirkungsmöglichkeiten für ein einziges *kamma* oder eine *kamma*-Ansammlung, wo die Weisen ebenfalls nur eine Möglichkeit sahen. Wo sich mit Hilfe von *Vibhajjavāda* eine siebenfache Ursache-Wirkung-Beziehung feststellen läßt, konnten die Asketen jeweils nur eine absolute Ursache-Wirkung-Beziehung erkennen. Das bedeutet eine ungeheure Verzerrung der Tatsachen.

Das Individuum ist Handlung

In seiner Analyse verknüpfte der Buddha die vier Arten von Individuen mit den vier Arten von Handlungsmustern. Eine unwerte Handlung, die, durch ihre höhere Wirksamkeit, eine andere unwerte Handlung aufhebt und zu einer Wiedergeburt führt, läßt ein Wesen entstehen, wie es dem Weisen »A« in seiner Vision erscheint. Sein unglückliches Schicksal ist jedoch nicht die Konsequenz der Handlung, die der Weise sah, sondern einer früheren oder der Vision nachfolgenden Handlung oder einer Handlung, welche er im Todesmoment beging.

Das zweite *kamma*-Muster, bestehend aus einer unheilsamen Handlung, die eine heilsame überlagert, läßt sich auf die Vision des Weisen »B« anwenden. Obwohl er eine gute Tat sieht, folgt dieser ein unglückliches Schicksal aufgrund einer der guten Tat vorausgegangenen schlechten Handlung oder einer ihr nachfolgenden schlechten Handlung oder eines schlechten *kamma* zum Zeitpunkt des Todes. Der scheinbare Widerspruch zwischen Verhalten und Konsequenz in der Vision des Weisen »B« beruht also lediglich auf dessen Mißverständnis der Zusammenhänge.

Das dritte *kamma*-Muster, bestehend aus einer heilsamen Handlung, die eine andere heilsame überlagert und zu einer eigenen Konsequenz führt, steht in Beziehung zur Vision des Weisen »C«.

Das vierte *kamma*-Muster, bestehend aus einer heilsamen Handlung, die eine unheilsame aufhebt, läßt sich auf die Vision des Weisen »D« anwenden.

In diesem *sutta* beweist der Buddha die Wirksamkeit von *vibhajjavāda*. Diese Methode unterscheidet sich von der im vorangegangenen *sutta*, dem *Cūlakammavibhaṅga Sutta*, beschriebenen Vorgehensweise, bei der Beispiele gewählt wurden, welche die moralische Bedeutung des Verhaltens hervorheben.

Die große Analyse des Gesetzes vom *kamma*

M*aha Kammavibhaṅga Sutta* M. 136

Das habe ich gehört:
Zu einer Zeit weilte der Erhabene bei *Rājagaha*, im Bambuspark am Hügel der Eichhörnchen. Um diese Zeit aber lebte der ehrwürdige *Samiddhi* im Walde, in einer Hütte.
Da kam denn ein Pilger, der junge *Potaliputta*, auf einem Spaziergang sich ergehend, dorthin, wo der Ehrwürdige *Samiddhi* weilte. Dorthin gekommen, tauschte er höflichen Gruß und freundliche, denkwürdige Worte mit ihm und setzte sich seitwärts nieder. Seitwärts sitzend wandte sich nun *Potaliputta*, der Pilger, also an den Ehrwürdigen *Samiddhi*:
»Von Angesicht hab' ich es, Bruder *Samiddhi*, vom Asketen Gotama gehört, von Angesicht vernommen: Eitel ist Tat in Werken, eitel ist Tat in Worten, Tat in Gedanken ist einzig echt. Gibt es nun eine Einkehr, wohin eingekehrt man nichts empfindet?«
»Nicht also, Bruder *Potaliputta*, mögest du solcher Rede den Erhabenen bezichtigen, nicht gut ist ja eine Bezichtigung des Erhabenen; nicht kann ja der Erhabene gesagt haben: Eitel ist Tat in Werken, eitel ist Tat in Worten, Tat in Gedanken ist einzig echt. Aber es gibt, Bruder, eine Einkehr, wohin eingekehrt man nichts empfindet.«
»Wie lang ist es her, Bruder *Samiddhi*, daß du Mönch bist?«
»Nicht lange, mein Freund, erst drei Jahre.«
»Was werden wir da erst noch die älteren Mönche angehen, wenn ja schon so ein junger Mönch den Meister verteidigen zu müssen glaubt! Wer mit Absicht, Bruder *Samiddhi*, eine

Tat begangen hat, in Werken, in Worten, in Gedanken, was empfindet der?«

»Wer mit Absicht, Bruder *Potaliputta*, eine Tat begangen hat, in Werken, in Worten, in Gedanken, der empfindet Leid.«

Da mochte *Potaliputta,* der Pilger, des ehrwürdigen *Samiddhi* Worte weder billigen noch abweisen. Ohne zu billigen, ohne abzuweisen, erhob er sich von seinem Sitze und ging fort. Bald aber nachdem *Potaliputta,* der Pilger, gegangen war, begab sich der ehrwürdige *Samiddhi* zum ehrwürdigen *Ananda* hin. Dort angelangt, tauschte er höflichen Gruß und freundliche, denkwürdige Worte mit ihm und setzte sich zur Seite nieder. Zur Seite sitzend teilte nun der ehrwürdige *Samiddhi* das ganze Gespräch, das er mit *Potaliputta,* dem Pilger, geführt hatte, Wort um Wort dem ehrwürdigen älteren *Ananda* mit.

Ananda ergreift die Initiative

Auf diesen Bericht wandte sich der ehrwürdige *Ananda* also an den ehrwürdigen *Samiddhi*: »Es ist, Bruder *Samiddhi*, dieser Mitteilung halber geraten, den Erhabenen aufzusuchen. Wir wollen, Bruder *Samiddhi*, zum Erhabenen hingehen und davon berichten. Wie es uns der Erhabene erklären wird, so wollen wir es halten.«

»Gern, Bruder!« sagte da der ehrwürdige *Samiddhi*, dem ehrwürdigen *Ananda* zustimmend.

Und der ehrwürdige *Samiddhi* begab sich nun mit dem ehrwürdigen *Ananda* zum Erhabenen hin. Dort angelangt, begrüßten sie den Erhabenen ehrerbietig und setzten sich zur Seite nieder. Zur Seite sitzend teilte nun der ehrwürdige *Ananda* das ganze Gespräch, das der ehrwürdige *Samiddhi* mit *Potaliputta*, dem Pilger, geführt hatte, Wort um Wort dem Erhabenen mit. Auf diesen Bericht wandte sich der Erhabene also an den ehrwürdigen *Ananda*:

»Auch nur vom Sehen her ist mir, *Ananda*, *Potaliputta*, der Pilger, nicht bekannt, geschweige denn, daß ich ihm das gesagt hätte. Aber auch *Samiddhi*, *Ananda*, hat da als ein Unverständiger *Potaliputta*, dem Pilger, die mehrfach zu beantwortende Frage einseitig beantwortet.«

Auf diese Worte wandte sich der ehrwürdige *Udāyi* also an den Erhabenen:

Wenn aber, o Herr, der ehrwürdige *Samiddhi* es in Beziehung darauf gesagt hat: Was irgend empfunden wird, ist leidvoll?«

Gefühle und Handlungen

Also gefragt, wandte sich der Erhabene an den ehrwürdigen *Ananda* und sagte: »Sieh doch, *Ananda*, wie da *Udāyi* als ein Unverständiger irrt. Gewußt habe ich es, *Ananda,* daß da eben jetzt *Udāyi* als ein Unverständiger in Irrtum geraten, unachtsam sich irren wird. Gleich am Anfang, *Ananda*, hat *Potaliputta,* der Pilger, drei Arten von Gefühlen gemeint. Hätte da, *Ananda*, *Samiddhi*, der Unverständige, *Potaliputta,* dem Pilger, auf seine Frage also geantwortet:

1. Wer mit Absicht, Bruder *Potaliputta*, eine Tat begangen hat, in Werken, in Worten, in Gedanken, die freudig zu empfinden ist, der empfindet Freude.
2. Wer mit Absicht, Bruder *Potaliputta*, eine Tat begangen hat, in Werken, in Worten, in Gedanken, die leidvoll zu empfinden ist, der empfindet Schmerz.
3. Wer mit Absicht, Bruder *Potaliputta*, eine Tat begangen hat, in Werken, in Worten, in Gedanken, die weder leidvoll, noch freudig zu empfinden ist, der empfindet weder Leid noch Freude.

So würde mit dieser Antwort, *Ananda*, *Samiddhi*, der Unverständige, *Potaliputta,* dem Pilger, recht geantwortet haben. Sind nun freilich, *Ananda*, jene anderen Büßer und Pilger töricht und unerfahren, wer soll dann des Vollendeten mächtige Kennzeichnung der Werke verstehen, es sei denn, daß ihr, *Ananda*, zuhört, wann der Vollendete mächtige Kennzeichnung der Werke kennzeichnet.«

»Da ist es, Erhabener, Zeit, da ist es, Willkommener, Zeit, daß der Erhabene mächtige Kennzeichnung der Werke kennzeichne. Des Erhabenen Wort werden die Mönche bewahren.«

Vier Arten von Individuen

»Wohlan denn, *Ananda*, so höre und achte wohl auf meine Rede.«

»Gewiß, o Herr!« sagte da aufmerksam der ehrwürdige *Ananda* zum Erhabenen. Der Erhabene sprach also:

»Vier Arten von Menschen, *Ananda*, finden sich hier in der Welt vor. Welche vier?

1. Da ist, *Ananda*, einer, der ist ein Mörder und Dieb, ein Wüstling, Lügner, Verleumder, ein Zänker und Schwätzer, voll Gier und Haß und Eitelkeit. Der gelangt, bei der Auflösung des Körpers, nach dem Tode, abwärts, auf schlechte Fährte, zur Tiefe hinab, in höllische Welt;
2. da ist wieder, *Ananda*, einer, der ist ein Mörder und Dieb, ein Wüstling, Lügner, Verleumder, ein Zänker und Schwätzer, voll Gier und Haß und Eitelkeit. Der gelangt, bei der Auflösung des Körpers, nach dem Tode, auf gute Fährte, in himmlische Welt;
3. da ist, *Ananda*, einer, der ist kein Mörder und Dieb, kein Wüstling, Lügner, Verleumder, kein Zänker und Schwätzer, nicht begehrlich, nicht gehässig, recht gesinnt. Der gelangt, bei der Auflösung des Körpers, nach dem Tode, auf gute Fährte, in himmlische Welt; und;
4. da ist, *Ananda*, einer, der ist kein Mörder und Dieb, kein Wüstling, Lügner, Verleumder, kein Zänker und Schwätzer, nicht begehrlich, nicht gehässig, recht gesinnt. Der gelangt, bei der Auflösung des Körpers, nach dem Tode, abwärts, auf schlechte Fährte, zur Tiefe hinab, in höllische Welt.«

Irreführende Hellsicht

1. »Da hat, *Ananda*, irgendein Asket oder Priester in heißer Buße, in stetem Kampfe, in ernster Übung, in unermüdlichem Eifer, in tiefer Bedachtsamkeit eine geistige Einigung errungen, wo er innig im Herzen mit dem himmlischen Auge, dem geläuterten, über menschliche Grenzen hinausreichenden, jenen Menschen erblickt, der da ein Mörder und Dieb gewesen, ein Wüstling, Lügner, Verleumder, ein Zänker und Schwätzer, voll Gier und Haß und Eitelkeit, wie er, bei der Auflösung des Körpers, nach dem Tode, abwärts geraten ist, auf schlechte Fährte, zur Tiefe hinab, in höllische Welt. Der sagt sich nun: ›Es gibt ja wahrlich böse Taten, es gibt eine Ernte schlechter Handlungen. Hab' ich doch jenen Menschen erblickt, der da also übel gewandelt war, wie er, bei der Auflösung des Körpers, nach dem Tode, abwärts geraten ist, auf schlechte Fährte, zur Tiefe hinab, in höllische Welt.‹ Der sagt sich nun: ›Wer da wahrlich also übel gewandelt ist, ein jeder solcher gelangt, bei der Auflösung des Körpers, nach dem Tode, da hinab. Die das erkennen, erkennen recht. Die anders erkennen, haben falsche Erkenntnis.‹ So wird er, was er eben selbst erkannt, selbst gesehen, selbst gefunden hat, eben einzig dabei beharrlich pflegen, sich aneignen, behaupten: ›Dies nur ist Wahrheit, Unsinn anderes.‹«

2. »Da hat wieder, *Ananda*, irgendein Asket oder Priester in heißer Buße, in stetem Kampfe, in ernster Übung, in unermüdlichem Eifer, in tiefer Bedachtsamkeit eine geistige Einigung errungen, wo er innig im Herzen mit dem himmlischen Auge, dem geläuterten, über menschliche Grenzen hinausreichenden, jenen Menschen erblickt, der

da ein Mörder und Dieb gewesen, ein Wüstling, Lügner, Verleumder, ein Zänker und Schwätzer, voll Gier und Haß und Eitelkeit, wie er, bei der Auflösung des Körpers, nach dem Tode, auf gute Fährte geraten ist, in himmlische Welt. Der sagt sich nun: ›Es gibt ja wahrlich keine bösen Taten, es gibt keine Ernte schlechter Handlungen. Hab' ich doch jenen Menschen erblickt, der also übel gewandelt war, wie er, bei der Auflösung des Körpers, nach dem Tode, auf gute Fährte geraten ist, in himmlische Welt.‹ Der sagt sich nun: ›Wer da wahrlich also übel gewandelt ist, ein jeder solcher gelangt, bei der Auflösung des Körpers, nach dem Tode, da hinauf. Die das erkennen, erkennen recht. Die anders erkennen, haben falsche Erkenntnis.‹ So wird er, was er eben selbst erkannt, selbst gesehen, selbst gefunden hat, eben einzig dabei beharrlich pflegen, sich aneignen, behaupten: ›Dies nur ist Wahrheit, Unsinn anderes.‹ «

3. »Da hat, *Ananda*, irgendein Asket oder Priester in heißer Buße, in stetem Kampfe, in ernster Übung, in unermüdlichem Eifer, in tiefer Bedachtsamkeit eine geistige Einigung errungen, wo er innig im Herzen mit dem himmlischen Auge, dem geläuterten, über menschliche Grenzen hinausreichenden, jenen Menschen erblickt, der da kein Mörder und Dieb gewesen, kein Wüstling, Lügner, Verleumder, kein Zänker und Schwätzer, nicht begehrlich, nicht gehässig, recht gesinnt, wie er, bei der Auflösung des Körpers, nach dem Tode, auf gute Fährte geraten ist, in himmlische Welt. Der sagt sich nun: ›Es gibt ja wahrlich günstige Taten, es gibt eine Ernte guter Handlungen. Hab' ich doch jenen Menschen erblickt, der also wohl gewandelt war, wie er, bei der Auflösung des Körpers, nach dem Tode, auf gute Fährte geraten ist, in himmlische Welt.‹ Der sagt sich nun: ›Wer da

wahrlich also wohl gewandelt ist, ein jeder solcher gelangt, bei der Auflösung des Körpers, nach dem Tode, da hinauf. Die das erkennen, erkennen recht. Die anders erkennen, haben falsche Erkenntnis.‹ So wird er, was er eben selbst erkannt, selbst gesehen, selbst gefunden hat, eben einzig dabei beharrlich pflegen, sich aneignen, behaupten: ›Dies nur ist Wahrheit, Unsinn anderes.‹ «

4. »Da hat wieder, *Ananda*, irgendein Asket oder Priester in heißer Buße, in stetem Kampfe, in ernster Übung, in unermüdlichem Eifer, in tiefer Bedachtsamkeit eine geistige Einigung errungen, wo er innig im Herzen mit dem himmlischen Auge, dem geläuterten, über menschliche Grenzen hinausreichenden, jenen Menschen erblickt, der da kein Mörder und Dieb gewesen, kein Wüstling, Lügner, Verleumder, kein Zänker und Schwätzer, nicht begehrlich, nicht gehässig, recht gesinnt, wie er, bei der Auflösung des Körpers, nach dem Tode, abwärts geraten ist, auf schlechte Fährte, zur Tiefe hinab, in höllische Welt. Der sagt sich nun: ›Es gibt ja wahrlich keine günstigen Taten, es gibt keine Ernte guter Handlungen. Hab' ich doch jenen Menschen erblickt, der also wohl gewandelt war, wie er, bei der Auflösung des Körpers, nach dem Tode, abwärts geraten ist, auf schlechte Fährte, zur Tiefe hinab, in höllische Welt.‹ Der sagt sich nun: ›Wer da wahrlich also wohl gewandelt ist, ein jeder solcher gelangt, bei der Auflösung des Körpers, nach dem Tode, da hinab. Die das erkennen, erkennen recht. Die anders erkennen, haben falsche Erkenntnis.‹ So wird er, was er eben selbst erkannt, selbst gesehen, selbst gefunden hat, eben einzig dabei beharrlich pflegen, sich aneignen, behaupten: ›Dies nur ist Wahrheit, Unsinn anderes.‹ «

Analyse der Schlußfolgerungen der Weisen

»Hat da nun, *Ananda*, ein Asket oder ein Priester gesagt: ›Es gibt ja wahrlich böse Taten, es gibt eine Ernte schlechter Handlungen‹, so gestehe ich ihm das zu. Wenn er dann weiter sagt: ›Hab' ich doch jenen Menschen erblickt, der da übel gewandelt war, wie er, bei der Auflösung des Körpers, nach dem Tode, abwärts geraten ist, auf schlechte Fährte, zur Tiefe hinab, in höllische Welt‹, so gesteh' ich ihm auch das zu. Wenn er aber dann sagt: ›Wer da wahrlich also übel gewandelt ist, ein jeder solcher gelangt, bei der Auflösung des Körpers, nach dem Tode, da hinab‹, so gesteh' ich ihm das nicht zu. Wenn er dann weiter sagt: ›Die das erkennen, erkennen recht; die anders erkennen, haben falsche Erkenntnis‹, so gesteh' ich ihm auch das nicht zu. Wenn er dann, was er eben selbst erkannt, selbst gesehen, selbst gefunden hat, eben einzig dabei beharrlich pflegen, sich aneignen, behaupten mag: ›Dies nur ist Wahrheit, Unsinn anderes‹, so gesteh' ich ihm auch das nicht zu. Und warum nicht? Weil die Erkenntnis, *Ananda*, bei des Vollendeten mächtiger Kennzeichnung der Werke eine andere ist.

Hat da nun, *Ananda*, ein Asket oder ein Priester gesagt: ›Es gibt ja wahrlich keine bösen Taten, es gibt keine Ernte schlechter Handlungen‹, so gesteh' ich ihm das nicht zu. Wenn er aber dann sagt: ›Hab' ich doch jenen Menschen erblickt, der also übel gewandelt war, wie er, bei der Auflösung des Körpers, nach dem Tode, auf gute Fährte geraten ist, in himmlische Welt‹, so gesteh' ich ihm das zu. Wenn er aber dann sagt: ›Wer da wahrlich also übel gewandelt ist, ein jeder solcher gelangt, bei der Auflösung des Körpers, nach dem Tode, da hinauf‹, so gesteh' ich ihm das nicht zu. Wenn er dann weiter sagt: ›Die das erkennen, erkennen recht: die anders erkennen, haben falsche Erkenntnis‹, so gesteh' ich ihm auch das nicht zu. Wenn er dann was er eben selbst erkannt, selbst gesehen, selbst gefunden hat eben einzig dabei beharrlich pflegen, sich aneignen, behaupten mag: ›Dies nur ist Wahrheit, Unsinn anderes‹, so gesteh' ich ihm auch das nicht zu. Und warum nicht? Weil die Erkenntnis, *Ananda*, bei des Vollendeten mächtiger Kennzeichnung der Werke eine andere ist.

Hat da nun, *Ananda*, ein Asket oder ein Priester gesagt: ‚Es gibt ja wahrlich günstige Taten, es gibt eine Ernte guter Handlungen', so gesteh' ich ihm das zu. Wenn er dann weiter sagt: ›Hab' ich doch jenen Menschen erblickt, der also wohl gewandelt war, wie er, bei der Auflösung des Körpers, nach dem Tode, auf gute Fährte geraten ist, in himmlische Welt‹, so gesteh ich ihm auch das zu. Wenn er aber dann sagt: ›Wer da also wohl gewandelt ist, ein jeder solcher gelangt, bei der Auflösung des Körpers, nach dem Tode, da hinauf‹, so gesteh' ich ihm das nicht zu. Wenn er dann weiter sagt: ›Die das erkennen, erkennen recht. Die anders erkennen, haben falsche Erkenntnis‹, so gesteh' ich ihm auch das nicht zu. Wenn er dann, was er eben selbst erkannt, selbst gesehen, selbst gefunden hat, eben einzig dabei beharrlich pflegen, sich aneignen, behaupten mag: ›Dies nur ist Wahrheit, Unsinn anderes‹, so gesteh' ich ihm auch das nicht zu. Und warum nicht? Weil die Erkenntnis, *Ananda*, bei des Vollendeten mächtiger Kennzeichnung der Werke eine andere ist.

Hat da nun, *Ananda*, ein Asket oder ein Priester gesagt: ›Es gibt ja wahrlich keine günstigen Taten, es gibt keine Ernte guter Handlungen‹, so gesteh' ich ihm das nicht zu. Wenn er aber dann sagt: ›Hab ich doch jenen Menschen erblickt, der also wohl gewandelt war, wie er, bei der Auflösung des Körpers, nach dem Tode, abwärts geraten ist, auf schlechte Fährte, zur Tiefe hinab, in höllische Welt‹, so gesteh' ich ihm das zu. Wenn er aber dann sagt: ›Wer da wahrlich also wohl gewandelt ist, ein jeder solcher gelangt, bei der Auflösung des Körpers, nach dem Tode, da hinab‹, so gesteh' ich ihm das nicht zu. Wenn er dann weiter sagt: ›Die das erkennen, erkennen recht. Die anders erkennen, haben falsche Erkenntnis‹, so gesteh' ich ihm auch das nicht zu. Wenn er dann was er eben selbst erkannt, selbst gesehen, selbst gefunden hat eben einzig dabei beharrlich pflegen, sich aneignen, behaupten mag: ›Dies nur ist Wahrheit, Unsinn anderes‹, so gesteh' ich ihm auch das nicht zu. Und warum nicht? Weil die Erkenntnis, *Ananda*, bei des Vollendeten mächtiger Kennzeichnung der Werke eine andere ist.«

Handlungen und ihre Konsequenzen

1. Ist da nun, *Ananda*, ein Mensch, der ein Mörder und Dieb, ein Wüstling, Lügner, Verleumder, ein Zänker und Schwätzer, voll Gier und Haß und Eitelkeit war, bei der Auflösung des Körpers, nach dem Tode, abwärts geraten, auf schlechte Fährte, zur Tiefe hinab, in höllische Welt, so hat er seine böse Tat, die leidvoll empfunden wird, eben früher begangen, oder später begangen, oder hat in seiner Sterbezeit eine falsche Erkenntnis vollzogen und vollbracht. Darum ist er, bei der Auflösung des Körpers, nach dem Tode, da hinab geraten. Wenn er aber hier also übel gewandelt war, hat er sich die Folge davon schon bei Lebzeiten fühlbar gemacht, oder bei der Auferstehung, oder bei nachmaliger Wiederkehr.

2. Ist da nun, *Ananda*, ein Mensch, der ein Mörder und Dieb, ein Wüstling, Lügner, Verleumder, ein Zänker und Schwätzer, voll Gier und Haß und Eitelkeit war, bei der Auflösung des Körpers, nach dem Tode, auf gute Fährte geraten, in himmlische Welt, so hat er seine günstige Tat, die freudig empfunden wird, eben früher begangen, oder später begangen, oder hat in seiner Sterbezeit eine rechte Erkenntnis vollzogen und vollbracht. Darum ist er, bei der Auflösung des Körpers, nach dem Tode, da hinauf geraten. Wenn er aber hier also übel gewandelt war, hat er sich die Folge davon schon bei Lebzeiten fühlbar gemacht, oder bei der Auferstehung, oder bei nachmaliger Wiederkehr.

3. Ist da nun, *Ananda*, ein Mensch, der kein Mörder und Dieb, kein Wüstling, Lügner, Verleumder, kein Zänker und Schwätzer, nicht begehrlich, nicht gehässig, recht

gesinnt war, bei der Auflösung des Körpers, nach dem Tode, auf gute Fährte geraten, in himmlische Welt, so hat er seine günstige Tat, die freudig empfunden wird, eben früher begangen, oder später begangen, oder hat in seiner Sterbezeit eine rechte Erkenntnis vollzogen und vollbracht. Darum ist er, bei der Auflösung des Körpers, nach dem Tode, da hinauf geraten. Wenn er aber hier also wohl gewandelt war, hat er sich die Folge davon schon bei Lebzeiten fühlbar gemacht, oder bei der Auferstehung, oder bei nachmaliger Wiederkehr.

4. Ist da nun, *Ananda*, ein Mensch, der kein Mörder und Dieb, kein Wüstling, Lügner, Verleumder, kein Zänker und Schwätzer, nicht begehrlich, nicht gehässig, recht gesinnt war, bei der Auflösung des Körpers, nach dem Tode, abwärts geraten, auf schlechte Fährte, zur Tiefe hinab, in höllische Welt, so hat er seine böse Tat, die leidig empfunden wird, eben früher begangen, oder später begangen, oder hat in seiner Sterbezeit eine falsche Erkenntnis vollzogen und vollbracht. Darum ist er, bei der Auflösung des Körpers, nach dem Tode, da hinab geraten. Wenn er aber hier also wohl gewandelt war, hat er sich die Folge davon schon bei Lebzeiten fühlbar gemacht, oder bei der Auferstehung oder bei nachmaliger Wiederkehr.

So gibt es denn, *Ananda*, ein Wirken, das unmöglich ist und unmöglich erscheint, gibt es ein Wirken, das unmöglich ist und möglich erscheint, gibt es ein Wirken, das möglich ist und auch möglich erscheint, gibt es ein Wirken, das möglich ist und unmöglich erscheint.«
Also sprach der Erhabene. Zufrieden freute sich der ehrwürdige *Ananda* über das Wort des Erhabenen.

Ursache und Wirkung

Anmerkungen zum *Maha Kammavibhaṅga Sutta:*

Sektiererische Angriffe waren zu Lebzeiten des Buddha ebenso bekannt wie heute. Religiöse Splittergruppen oder Sekten mit bedeutender politischer oder finanzieller Macht versuchten damals, wie heute, andere zu unterdrücken. Man kann beobachten, daß es immer häufiger zu Massenbekehrungen durch gutorganisierte religiöse Gruppen oder Sekten kommt. Auch der Erhabene Buddha sah sich schwerwiegenden sektiererischen Angriffen ausgesetzt, doch es kam niemals ein böses Wort über seine Lippen. Er empfand unendlich großes Mitgefühl für die Sektierer, die nur zu ihm kamen, um seine Worte in Frage zu stellen.

Upāli, ein Multimillionär aus *Nālanda*, war der Hauptlaienschüler *Nāṭaputtas*, des Oberhauptes der *nigaṇṭha*-Sekte, der nackten Asketen. Eines Tages prahlte *Upāli* gegenüber seinem Lehrer und dessen Anhängern damit, er könne den Einsiedler *Gotama* in einer Debatte besiegen, die sich auf ein Streitgespräch zwischen dem Buddha und *Dīghatapassī* beziehen sollte, der ebenfalls ein Schüler *Nāṭaputtas* war. Das *Upāli Sutta* im *Majjhima Nikāya* schildert dieses Zusammentreffen, in dessen Verlauf *Upāli*, anstatt den Buddha in der Debatte zu besiegen, selbst ein Schüler des Erhabenen wird. Es begab sich zu jener Zeit, da der Buddha sich im Mango Hain eines seiner Schüler, des Textilhändlers *Pāvārika*, in der Nähe *Nālandas*, aufhielt, daß sich in einem nahe gelegenen Weiler *Nāṭaputta* mit seinen Asketen und Laienanhängern versammelt hatte. *Upāli* und *Nāṭaputta* unterhielten sich gerade, als *Dīghatapassī* hinzukam und von seinem Gespräch mit dem Buddha berichtete. *Dīghatapassī* hatte dem Buddha gegenüber die Einzigartigkeit der *daṇḍas*, der Askese oder Selbstkasteiung, hervorgehoben, die man sich entweder selbst auferlegt oder die durch den *guru* angeordnet wird. Diese Aussage stand in genauem Gegensatz zu dem, was der Buddha bezüglich der Handlungen, *kammas*, lehrte. Von den drei *daṇḍas*, *kāya*, *vacī*, *mano*, in Taten, Worten und Gedanken schenkte *Dīghatapassī* lediglich einem der drei seine Aufmerksamkeit, nämlich der des Körpers, während der Buddha erläuterte, daß alle drei *kamma*, in Taten, Worten und Gedanken von Bedeutung seien und das Handeln in Gedanken, *mano kamma* lediglich deshalb am tiefgreifendsten sei, weil es die Wurzel aller anderen *kammas* bilde, denn jeder Handlung liegt zunächst ein Gedanke zugrunde. *Upāli* brüstete sich, den Buddha in der Debatte besiegen zu können, indem er ihm die Sinnlosigkeit seiner Aussagen beweisen würde, und *Nāṭaputta* nahm ihm das Versprechen ab, den Buddha zu einem Jünger *Dīghatapassīs* zu bekehren. Daraufhin begab sich *Upāli* zum Buddha, wo sich die historische Debatte entspann, an deren Ende *Upāli* und viele andere Jünger *Dīghatapassīs* zu Schülern des Buddha wurden.

Die Debatte

Im *Upāli Sutta* wird beschrieben, daß *Upāli* einzig und allein die Einhaltung körperlicher Askese, *kāya daṇḍa*, proklamiert, ohne die geistige Aktion, *mano kamma,* in Betracht zu ziehen. Vor dem Beginn der Debatte ermahnte der Buddha *Upāli*, daß eine Diskussion über den *dhamma* nur stattfinden könne, wenn *Upāli* bereit sei, Tatsachen zu akzeptieren, und daß die Diskussion nicht bloß intellektuellem Zeitvertreib dienen dürfe, sondern aus einer Suche nach der Wahrheit und einer Erforschung der Wirklichkeit bestehen müsse. Nachdem so die Grundregeln der Debatte festgelegt worden waren, begann folgender Dialog:

»Was meinst du wohl, *Upāli,* es sei da ein nackter Asket, der unwohl, leidend, schwer krank ist und frisches Wasser abweist, nur warmes Wasser gebraucht, und weil er kein frisches Wasser erhielte, stürbe er. Wo aber, *Upāli*, sagt da *Nāṭaputta*, erscheine ein solcher wieder?«

»Es gibt, o Herr, Götter, die heißen ‚gedankenhaft'. Da erscheint ein solcher wieder.«

»Und warum das?«

»Weil er ja, o Herr, gedankenergeben gestorben ist.«

»*Upāli*, *Upāli*, denke wohl nach, und dann, *Upāli*, antworte, denn es geht dir mit dem Ersten das Letzte nicht zusammen oder mit dem Letzten nicht das Erste. Doch hast du, *Upāli*, also gesprochen: ›An die Wahrheit, o Herr, werde ich mich bei der Rede halten: möge da unter uns ein Gespräch stattfinden!‹

»Wenn auch, o Herr, der Erhabene solches sagt, so ist gleichwohl der Werkstreich bei weitem der üblere, um böse Tat zu tun, um böse Tat zu begehen, und nicht so sehr der Wortstreich und nicht so sehr der Gedankenstreich.«

»Was meinst du wohl, *Upāli,* es sei da ein nackter Asket,

vierfach gezügelt in fester Zucht, der sich jeden Born verbietet, jeden Born verwehrt, jeden Born verweist, jeden Born versagt, und während er kommt und geht, tritt er da viele kleine Wesen zu Tode. Was aber, *Upāli*, sagt da der Asket *Nāṭaputta*, sei die Folge davon?«

»Was ohne Absicht geschieht, o Herr, sagt *Nāṭaputta*, ist nicht so sehr von Übel.«

»Wenn es aber, *Upāli*, mit Absicht geschieht?«

»Dann, o Herr, ist es sehr von Übel.«

»Die Absicht aber, *Upāli*, gibt *Nāṭaputta* als was an?«

»Als Gedankenstreich, o Herr!«

»*Upāli*, *Upāli*, denke wohl nach, und dann, *Upāli*, antworte, denn es geht dir mit dem Ersten das Letzte nicht zusammen oder mit dem Letzten nicht das Erste. Doch hast du, *Upāli*, also gesprochen: ›An die Wahrheit, o Herr, werde ich mich bei der Rede halten: möge da unter uns ein Gespräch statthaben!‹

»Wenn auch, o Herr, der Erhabene solches sagt, so ist gleichwohl der Werkstreich bei weitem der üblere, um böse Tat zu tun, um böse Tat zu begehen, und nicht so sehr der Wortstreich und nicht so sehr der Gedankenstreich.«

»Was meinst du wohl, *Upāli,* dieses *Nālanda* blüht und gedeiht, ist volkreich, von vielen Menschen bewohnt?«

»Gewiß, o Herr, dieses *Nālanda* blüht und gedeiht, ist volkreich, von vielen Menschen bewohnt.«

»Was meinst du wohl, *Upāli,* wenn da ein Mann herankäme, mit einem gezückten Schwerte in der Hand, und spräche also: ›Ich werde, was es auch an Lebendigen hier in *Nālanda* gibt, in einem Augenblick, in einem Nu zu einer einzigen Masse Mus, zu einer einzigen Masse Brei machen‹, was meinst du wohl, *Upāli*, vermöchte nun etwa dieser Mann, was es auch an Lebendigen hier in *Nālanda* gibt, in einem Augenblick, in einem Nu zu einer einzigen Masse Mus, zu einer einzigen Masse Brei zu machen?«

»Selbst zehn Mann, o Herr, selbst zwanzig Mann, selbst dreißig Mann, selbst vierzig Mann, selbst fünfzig Mann reichten nicht hin, was es hier in *Nālanda* an Lebendigen gibt, in einem Augenblick, in einem Nu zu einer einzigen Masse Mus, zu einer einzigen Masse Brei zu machen, was gälte da nur ein erbärmlicher Mann?«

»Was meinst du wohl, *Upāli,* wenn da ein Asket oder ein Priester herankäme, machtbegabt, geistesgewaltig, und spräche also: ›Ich werde dieses *Nālanda* mit einem einzigen Zorngedanken zu Asche machen‹, was meinst du wohl, *Upāli,* vermöchte nun etwa ein solcher Asket oder Priester, dieses *Nālanda* mit einem einzigen Zorngedanken zu Asche zu machen?«

»Selbst zehn *Nālanda*, o Herr, selbst zwanzig *Nālanda*, selbst dreißig *Nālanda*, selbst vierzig *Nālanda*, selbst fünfzig *Nālanda* vermöchte ein solcher Asket oder Priester mit einem einzigen Zorngedanken zu Asche zu machen, was gälte da nur ein erbärmliches *Nālanda*?«

»*Upāli, Upāli*, denke wohl nach, und dann, *Upāli*, antworte, denn es geht dir mit dem Ersten das Letzte nicht zusammen oder mit dem Letzten nicht das Erste. Doch hast du, *Upāli,* also gesprochen: ›An die Wahrheit, o Herr, werde ich mich bei der Rede halten: möge da unter uns ein Gespräch statthaben!‹

»Wenn auch, o Herr, der Erhabene solches sagt, so ist gleichwohl der Werkstreich bei weitem der üblere, um böse Tat zu tun, um böse Tat zu begehen, und nicht so sehr der Wortstreich und nicht so sehr der Gedankenstreich.«

»Was meinst du wohl, *Upāli,* hast du reden hören, der *Daṇḍaka*-Wald, der *Mejja*-Wald, der *Kāliṅga*-Wald, der *Mātaṅga*-Wald ist öder Urwald geworden?«

»Gewiß, o Herr, ich habe reden hören, der *Daṇḍaka*-Wald, der *Mejja*-Wald, der *Kāliṅga*-Wald, der *Mātaṅga*-Wald ist öder Urwald geworden.«

»Was meinst du wohl, *Upāli,* hast du vielleicht reden hören, wodurch der *Daṇḍaka*-Wald, der *Mejja*-Wald, der *Kāliṅga*-Wald, der *Mātaṅga*-Wald öder Urwald geworden ist?«

»Ich habe reden hören, o Herr, durch der Seher Zorngedanken ist der *Daṇḍaka*-Wald, der *Mejja*-Wald, der *Kāliṅga*-Wald, der *Mātaṅga*-Wald öder Urwald geworden.«

»*Upāli, Upāli*, denke wohl nach, und dann, *Upāli*, antworte, denn es geht dir mit dem Ersten das Letzte nicht zusammen oder mit dem Letzten nicht das Erste. Doch hast du, *Upāli*, also gesprochen: ‚An die Wahrheit, o Herr, werde ich mich bei der Rede halten: möge da unter uns ein Gespräch statthaben!'

»Schon durch das erste Gleichnis, o Herr, hat mich der Erhabene zufrieden und froh gemacht, aber ich wollte noch diese reichlichen Fragen und Erklärungen vom Erhabenen hören, und so dacht' ich mir, ich dürfte dem Erhabenen Gegenrede geben. Vortrefflich, o Herr, vortrefflich, o Herr! Gleichwie etwa, o Herr, als ob man Umgestürztes aufstellte oder Verdecktes enthüllte oder Verirrten den Weg wiese oder Licht in die Finsternis brächte. Wer Augen hat, wird die Dinge sehn, ebenso auch hat der Erhabene die Lehre von vielen Seiten beleuchtet. Und so nehme ich, o Herr, beim Erhabenen Zuflucht bei der Lehre und bei der Jüngerschaft. Als Anhänger möge mich der Erhabene betrachten, von heute an zeitlebens getreu.«

»Überleg' es dir, *Upāli*, gehörig. Überlegung ist bei wohlbekannten Leuten euresgleichen ratsam.«

»Dadurch hat mich, o Herr, der Erhabene nur noch viel mehr zufrieden und froh gemacht, daß der Erhabene also zu mir spricht: ›Überleg' es dir, *Upāli*, gehörig. Überlegung ist bei wohlbekannten Leuten euresgleichen ratsam.‹ Denn als mich, o Herr, die anderen Asketen zum Jünger gewonnen, da mochten sie mich in ganz *Nālanda* als Fahne herumtragen: ›*Upāli,* der Hausvater hat sich zu unserem Jüngertum bekehrt!‹ Doch der Erhabene spricht nun also zu mir: ›Überleg' es dir, *Upāli*, gehörig: Überlegung ist bei wohlbekannten Leuten euresgleichen ratsam.‹ Und so nehme ich denn, o Herr, zum zweiten Mal beim Erhabenen Zuflucht, bei der Lehre und bei der Jüngerschaft. Als Anhänger möge mich der Erhabene betrachten, von heute an zeitlebens getreu.«

»Lange Zeit ist, *Upāli*, dein Tor den Asketen gastlich offen gewesen, so daß du ihrer, die um Almosen zu dir kommen, milde gedenken mögest.«

»Auch dadurch hat mich, o Herr, der Erhabene noch viel mehr zufrieden und froh gemacht, daß der Erhabene also zu mir spricht: ›Lange Zeit ist, *Upāli*, dein Tor den Asketen gastlich offen gewesen, so daß du ihrer, die um Almosen zu dir kommen, milde gedenken mögest.‹ Ich habe mir sagen lassen, o Herr: Der Asket *Gotama* spricht also: ›Mir nur ist Gabe darzubringen, nicht den anderen, nur meinen Jüngern ist Gabe darzubringen, nicht den Jüngern anderer, nur die mir dargebrachte Gabe läßt hohen Lohn erlangen, nicht die den anderen dargebrachte Gabe, nur die meinen Jüngern dargebrachte Gabe läßt hohen Lohn erlangen, nicht die den Jüngern anderer dargebrachte Gabe.‹ Doch der Erhabene ermahnt mich nun, auch den Freien Asketen Gabe zu geben. Gewiß, o Herr, wir werden da schon der Zeit achthaben. Und so nehme ich denn, o Herr, zum dritten Mal beim Erhabenen Zuflucht, bei der Lehre und bei der Jüngerschaft. Als Anhänger möge mich der Erhabene betrachten, von heute an zeitlebens getreu.«

Da hat denn der Erhabene, *Upāli* den Hausvater allmählich in das Gespräch eingeführt, sprach erst mit ihm vom Geben, von der Tugend, von seliger Welt, machte des Begehrens Elend, Ungemach, Trübsal, und der Entsagung Vorzüglichkeit offenbar. Als der Erhabene merkte, daß *Upāli*, der Hausvater, im Herzen bereitsam, geschmeidig, unbehindert, aufgerichtet, heiter geworden war, da gab er die Darlegung jener Lehre, die den Erwachten eigentümlich ist: das Leiden, die Entwicklung, die Auflösung, den Weg. Gleichwie etwa ein reines Kleid, von Flecken gesäubert, vollkommen die Färbung annehmen mag, ebenso auch ging da *Upāli*, dem Hausvater, während er noch da saß, das Auge der Wahrheit auf.

Die Überlieferung berichtet von zahlreichen Begegnungen wie dieser in allen Teilen des Landes, bei denen so berühmte Persönlichkeiten wie General *Siha* von *Vesāli* Schüler des Buddha wurden. Solche Ereignisse führten zu Eifersucht und Frustration bei den Anhängern der unterschiedlichen Sekten. Daher kam es auch wiederholt zu Versuchen der Verleumdung, wie wir sie in der Erzählung des *Mahā Kamma Vibhaṅga Sutta* finden.

Fehlinterpretationen

Potaliputta war ein berühmter Wanderasket, der einen großen Groll gegen den Buddha hegte. Dies geht klar aus den Äußerungen hervor, mit denen er den jungen Mönch *Samiddhi* konfrontiert, der im Wald in einer Einsiedlerhütte lebt. *Potaliputta* sucht ihn auf und erzählt ihm, er hätte aus des Buddhas eigenem Munde erfahren, daß nur Handlungen in Gedanken in der Lage seien, Resultate hervorzubringen, während Handlungen in Worten und Taten ohne jede Kraft und daher ungeeignet seien, Resultate hervorzubringen. Als *Samiddhi* dieser Fehlinterpretation widerspricht, versucht er ihn durch eine weitere irreführende Frage fehlzuleiten, indem er sagt: »Wer mit Absicht, Bruder *Samiddhi*, eine Tat begangen hat, in Werken, in Worten, in Gedanken, was empfindet der?« Mit Empfinden ist hier die karmische Konsequenz einer Handlung in der Zukunft gemeint, die sich in Form bestimmter Erfahrungen, Gefühle und Emotionen äussert. *Potaliputta* nutzte aus, daß *Samiddhi* ein unerfahrener junger Mönch war, und nötigte ihn seinen Lehrer, den Buddha, zu verteidigen. Ohne die Heimtücke in der Fragestellung zu erkennen, gab der Ehrenwerte *Samiddhi* folgende gutgläubige Antwort: »Wer mit Absicht, Bruder *Potaliputta*, eine Tat begangen hat, in Werken, in Worten, in Gedanken, der empfindet Leid.« Da schon die Frage einseitig und irreführend gestellt war, fiel auch die Antwort einseitig aus und führte zu weiteren Mißverständnissen. Nachdem *Potaliputta* ihn verlassen hatte, begab sich *Samiddhi* zu dem Ehrenwerten *Ananda,* und gemeinsam baten sie den Buddha um Aufklärung, da sie zu Recht einen Fehler in der Fragestellung vermuteten. Der Buddha enthüllte ihnen die Einseitigkeit der Frage und beschrieb ihnen, wie die richtige analytische Annäherung an das Thema ausgesehen hätte.

Die Zukunft in der Gegenwart

Begeht ein Mensch eine bewußte Handlung, dann erzeugt diese ein bestimmtes Ergebnis in der Zukunft – so lehrte es der Buddha. Dieses Ergebnis kann in Form dreierlei Gefühlsregungen wahrgenommen werden. Dies sind: glücklich, unglücklich oder neutral. Die zukünftige Erfahrung deutet sich schon während der Handlung in Form des entsprechenden Gefühls an. So wird also die Zukunft von der Gegenwart bestimmt. Diesen Zusammenhang zwischen Gefühlen und Handlungen unterstreicht der Buddha mit folgender Aussage: »Wer mit Absicht eine Tat begangen hat, in Werken, in Worten, in Gedanken, die freudig zu empfinden ist, der empfindet Freude.« Genauso verhält es sich mit unglücklichen oder neutralen Empfindungen und ihren Auswirkungen in der Zukunft. Mit Freude oder Glück sind hier die heilsamen, *kusala*, Zustände gemeint, mit unglücklich die unheilsamen, *akusala*, die neutralen enthalten Bestandteile von beidem.

Der Erhabene Buddha nutzte die sich bietende Gelegenheit, um seine Lehrrede der großen Analyse der Handlungen zu halten. Er erläuterte die sieben, im *aṭṭhakathācariya* erwähnten, Formationen, *rāsis*, welche die Grundlage seiner Einsichten bilden, auf denen dann die große Analyse der karmischen Gesetzmäßigkeiten basiert. Bei diesen Formationen handelt es sich um die vier Handlungsformationen, *kamma*, und die drei Wirkungsformationen, *vipāka*, also um Handlungen, die vor oder nach der hellsichtigen Vision begangen werden, um das letzte *kamma* vor dem Todesmoment und das *kamma*, welches aus der hellsichtigen Vision hervorgeht. Bei den *vipāka*-Formationen handelt es sich um während des derzeitigen Lebens reifendes Karma, *diṭṭhadhamma vedanīya*, sowie um im nächsten

Leben reifendes, *upapajja vedanīya*, und um in einem späteren Leben reifendes Karma, *aparāpariya vedanīya*.
Die Karmaformationen sind so formuliert, daß sie eine Fehlinterpretation, wie in den hellsichtigen Visionen der bereits erwähnten Weisen, ausschließen. Derartige Fehlinterpretationen führen zur Entstehung von Ideologien und Philosophien, deren Grundlage ein Mißverständnis bildet.

Vier Arten von Individuen

Das »Individuum« verstrickt sich in sein Karma und erfährt Wiedergeburt, Freud und Leid oder keins von beidem oder beides. Das Individuum wird in dem erwähnten Sutra deutlich aus dem Zusammenhang des komplexen Ursache-Wirkung-Zusammenhangs herausgehoben. Der Buddha beschreibt hier vier Arten von Individuen.

Der erste Typ begeht alle unheilsamen Handlungen, *kammapathas*, nämlich die drei körperlichen Handlungen des Tötens, Stehlens und Ehebrechens; die vier Handlungen der Rede, nämlich Lüge, Hinterbringung, rohe Rede und törichte Rede; sowie die drei Handlungen des Geistes, nämlich Habgier, Übelwollen und falsche Ansichten. Der Unterschied zwischen *kamma* und *kammpatha* besteht darin, daß *kamma* alle Handlungen bezeichnet, während *kammapatha* nur solche Handlungen beschreibt, die Wiedergeburt erzeugend wirken, also *janaka kamma* sind. Das oben beschriebene Individuum wird also, aufgrund seines *janaka kammas*, in einem leidvollen Zustand wiedergeboren.

Der zweite Typ wird, obwohl er alle zehn unheilsamen *kammapathas* begeht, nach dem Tod in einem glücklichen Zustand wiedergeboren.

Der dritte Typ enthält sich aller üblen *kammapathas* und praktiziert die zehn heilsamen. Nach dem Tod wird er in einem glücklichen Zustand wiedergeboren.

Der vierte Typ praktiziert ebenfalls die zehn heilsamen *kammapathas*, wird jedoch nach dem Tod in einem leidvollen Zustand wiedergeboren.

Die Logik hinter dem Widerspruch

Während es beim ersten und dritten Typ einen offensichtlichen Zusammenhang zwischen Ursache und Wirkung gibt, scheint die Logik im Falle des zweiten und vierten Typs auf den Kopf gestellt zu sein, da Ursache und Wirkung sich scheinbar widersprechen.

Wie ist das zu erklären? Zieht man das zugrunde liegende karmische Gesetz in Betracht, so wird deutlich, daß der Zusammenhang zwischen Ursache und Wirkung nicht einspurig, also lediglich von einem Leben zum nächsten, verläuft, sondern eine vielschichtige Verkettung bildet, die der Erhabene in seinem Sutra erläutert.

Die Daseinsfährten, *gatis*, lassen sich in die leidvollen Bereiche, *dugati*, und in die freudvollen Bereiche, *sugati*, unterteilen in denen man als Konsequenz guten oder schlechten Karmas wiedergeboren wird. Die Ursachen, die zur Wiedergeburt in dem einen oder anderen Daseinsbereich führen, sind jedoch, wie wir gesehen haben, von sehr komplexer Natur.

Irreführende Voraussicht

Als Hellsichtigkeit bezeichnet man das Vorhersehen bestimmter Ereignisse. Es handelt sich dabei um eine direkte Erfahrung, nicht um eine Phantasievorstellung oder Halluzination. Trotzdem kann die falsche Auslegung solcher Erfahrungen zu ausgesprochen schädlichen Annahmen führen. Da sieht etwa ein aufgrund seiner hellseherischen Fähigkeiten hoch angesehener Mönch oder Weiser jemanden viel Böses tun. Gleichsam sieht er dieselbe Person, nach dem Tod, wiedergeboren in einem glücklichen Daseinsbereich. Oder er sieht, andererseits, einen Menschen, der viel Gutes tut und in einem leidvollen Daseinsbereich wiedergeboren wird. Dieser scheinbare Widerspruch ist verhängnisvoll, da der Hellsichtige sich der Richtigkeit dessen, was er gesehen hat, absolut sicher ist. Er wird falsche Schlüsse aus seiner Vision ziehen, wenn er der buddhistischen *vibhajjavāda*-Analyse unkundig ist.

Sieht er den Übeltäter, wie er in *sugati* wiedergeboren wird, und umgekehrt, so wird er schlußfolgern, daß es nichts Derartiges gibt wie eine böse Handlung mit daraus resultierenden üblen Konsequenzen und auch keine gute Tat mit ihren erfreulichen Wirkungen. Er wird annehmen, daß, wer übel handelt, in freudvollen Bereichen wiedergeboren wird, und wer gut handelt in leidvollen. Eine solche Fehleinschätzung, die sich in der Aussage »Nur wer es so versteht, versteht es richtig, alles andere ist falsch, weil ich selbst es so sehe« manifestiert, beweist, daß bloße geistige Kraft nicht ausreicht, um die Realität in ihrer ganzen Tiefgründigkeit zu erfassen. Daher sprach der Buddha sich auch gegen die Zurschaustellung psychischer Kräfte aus und bekräftigte die Notwendigkeit wahrer Einsicht in die Wirklichkeit.

Wolkenlos

In diesem Zusammenhang verweist der Erhabene kategorisch auf die sechs Faktoren, die zu beachten sind, und die vierzehn Annahmen, die nicht im Einklang mit der Wirklichkeit stehen. Er zeigt die Mechanismen auf, mit deren Hilfe der Zusammenhang zwischen Ursache und Wirkung hergestellt werden kann. Der Buddha erläutert, daß der Übeltäter nicht aufgrund seiner schlechten Taten in einem freudvollen Daseinsbereich wiedergeboren wird. Dies geschehe aufgrund von guten Handlungen, die er vor, *pubbekataṃ*, oder nach, *pacchākataṃ*, dem Moment beging, den der hellsichtige Weise in seiner Vision wahrnahm. Oder aber aufgrund seiner letzten, dem Todesmoment vorausgehenden, *maranāsanna*, Handlung. Wir finden in dem Sutra die eindeutige Klarstellung der Zusammenhänge zwischen Ursache und Wirkung durch den allwissenden Geist des Erhabenen Buddha.

Bezüglich der üblen Tat im derzeitigen Leben heißt es in dem Sutra, daß das Individuum die Folgen entweder im selben Leben erfährt, zum Beispiel als ein Mörder, der ins Gefängnis kommt; oder im nächsten Leben, in dem der Mörder eine sehr kurze Lebensspanne hat; oder in einem späteren Leben, in dem der Mörder kurzlebig sein kann oder kränklich oder das Opfer eines Unfalltodes, usw.

Wo der Hellsichtige nur einen Ausschnitt der Karmischen Zusammenhänge sah, nämlich eine Handlung und eine Wirkung, da zeigt uns der Buddha vier *kamma*-Formationen, nämlich Handlungen vor und nach den in der Vision wahrgenommenen, Handlungen im Todesmoment und solche die durch die Vision ausgelöst werden, sowie die drei *vipāka*-Formationen, nämlich dem Heranreifen im Hier und Jetzt, im nächsten Leben oder in einem darauf folgenden Leben.

Vier *kammas*

Durch die genaue Typisierung der vier Arten von Individuen entlarvt der Buddha die Visionen der hellsichtigen Weisen als Trugschlüsse. Mit Hilfe einer fundierten und grundlegenden Analyse der Gegebenheiten schließt er alle Irrtümer aus, findet zur letzten Wahrheit und legt die vier Arten von Ursachen und die drei Arten von Wirkungen dar. Sodann verkündet der Herr der Weisheit, der Ehrwürdige Buddha, die vier fundamentalen *kamma*-Muster und die ihnen entsprechenden Wirkungen, welche die vier unterschiedlichen Arten von Individuen hervorbringen, wie bereits zu Beginn des Sutra erwähnt wurde.

Der Buddha sprach: »So gibt es denn, *Ananda*, ein Wirken, das unmöglich ist und unmöglich erscheint, gibt es ein Wirken, das unmöglich ist und möglich erscheint, gibt es ein Wirken, das möglich ist und auch möglich erscheint, gibt es ein Wirken, das möglich ist und unmöglich erscheint.«

Der Pali-Ausdruck *abhabba*, wörtlich *unmöglich* oder *unfähig*, bezeichnet hier die zehn unheilsamen *kammapathas*, die nicht in der Lage sind, gute zukünftige Resultate hervorzubringen, wie eine Wiedergeburt in *sugati*. Der Begriff *bhabba*, wörtlich *möglich* oder *fähig*, bezeichnet die zehn heilsamen *kammapathas*, die in der Lage sind, gute zukünftige Resultate hervorzubringen, wie eine Wiedergeburt in *sugati*.

Die Analyse der *kamma*-Muster lautet wie folgt:

1. Eine unheilsame Handlung, wie Töten, Stehlen usw., schafft die Voraussetzung, die eine weitere unheilsame Handlung nach sich zieht, die wiederum zur Ursache für eine nächste üble Tat, mit all ihren Konsequenzen, wird. Von den vielen unheilsamen Handlungen wird die,

die am stärksten ist, im Moment des Todes den Geist beeinflussen und damit die nächste Wiedergeburt bestimmen. Dieses *kamma*-Muster beschreibt den ersten Typ. Dieser ist am Ende eines unrechten Lebens, im Todesmoment, zu einer Wiedergeburt in einem leidvollen Daseinsbereich bestimmt. Das Bewußtsein des Übeltäters im Todesmoment führt in diesem Fall direkt zur Wiedergeburt in den leidvollen Bereichen.

2. Eine unheilsame Handlung die *abhabba*, ist unfähig, gute Ergebnisse hervorzubringen, aber im Todesmoment von einer heilsamen Handlung überlagert wird, entspricht dem zweiten Typ. Ein solches Individuum wird nach einem unheilvollen Leben, aufgrund des guten *kammas* im Todesmoment, in einem glücklichen Bereich wiedergeboren. Obwohl dieses Wesen zu Lebzeiten unheilvoll handelte, wird es trotzdem, da es achtsam genug war, im Moment des Todes einen guten Gedanken zu fassen, in einem freudvollen Bereich wiedergeboren.

3. Eine heilsame Handlung, etwa sich des Tötens zu enthalten und das Leben zu schützen und zu erhalten, schafft die Vorraussetzung, die eine weitere heilsame Handlung nach sich zieht, die wiederum zur Ursache für eine nächste gute Tat, mit all ihren Konsequenzen, wird. Dieses *kamma*-Muster beschreibt den dritten Typ. Dieser ist am Ende eines rechten Lebens, im Todesmoment, zu einer Wiedergeburt in einem freudvollen Daseinsbereich bestimmt. Ein solcher Mensch ist gewappnet mit seinen guten Taten, die ihm ein glückliches Schicksal bestimmen.

4. Heilsames Verhalten, das im Todesmoment von einer unheilsamen Handlung überlagert wird, führt zu einem

unglücklichen Ergebnis. Ein solches Individuum gehört dem vierten Typ an. Dieser wird nach einem heilsamen Leben, aufgrund des schlechten *kammas* im Todesmoment, in einem unglücklichen Daseinsbereich wiedergeboren.

Wissenschaft und Spiritualität

Diese Analyse ist eine hoffnungsvolle Botschaft – vorausgesetzt, sie wird mit Weisheit und Wahrheitsliebe, ohne Anhaftung und falsche Intellektualität betrachtet.
In letzter Konsequenz ist das Leben eine Abfolge von Bewußtseinsmomenten. So, wie eine bestimmte Handlung das Bewußtsein beeinflußt, bestimmt es auch die Richtung des Bewußtseinsstroms. Das Bewußtsein kann seinerseits, aufgrund seiner Eigendynamik, bestimmte Handlungsmuster hervorrufen. Aber ist eine Linie nicht lediglich eine Aneinanderreihung von Punkten? Und was ist der Bewußtseinsstrom, wenn nicht eine Vielzahl sogenannter geistiger »Momente«, die, jeder für sich, die Möglichkeit einer Richtungsänderung in sich bergen? Genauso, wie es bestimmte Faktoren gibt, die das Zusammenspiel zwischen Ursache und Wirkung bestimmen, gibt es auch eine Beziehung zwischen zwei Gedankenmomenten. Die Ursache-Wirkung-Verknüpfungen sind so vielfältig und flexibel, daß immer die Hoffnung auf einen Wandel zum Besseren besteht.
In der buddhistischen Lehre vom *kamma* findet man Parallelen zu den Erkenntnissen der modernen Quantenphysik und der Relativitätstheorie. Die buddhistischen Bezeichnungen hierfür lauten *khanika vāda* und *anatta vāda*. Während die beiden wissenschaftlichen Theorien sich ausschließlich mit der Materie befassen, umfassen *khanika* und *anatta* sowohl die Materie als auch den Geist. *Khanika vāda* beschreibt die Vergänglichkeit aller körperlichen und geistigen Phänomene, wobei jedes dieser Phänomene völlig eigenständig ist. Die Verknüpfung dieser eigenständigen Phänomene führt zur Entstehung der unterschiedlichsten Dinge. Fehlt die Verbindung der einzelnen Phänomene miteinander, so wird deutlich, daß es auch keine andauernde,

unveränderliche und allem zugrunde liegende Entität gibt. Alles ist in Bewegung, alles ist ein unpersönlicher Prozeß, alles ist dynamisch. Das Fehlen einer unveränderlichen Persönlichkeit, die Kontinuität und die Vergänglichkeit aller Phänomene bilden die Kernpunkte der buddhistischen Philosophie.

Ist die Wiedergeburt ein Mythos?

Die Wiedergeburt, *punajjanma*, oder Wiederwerdung, *punabbhava*, bildet einen Kernpunkt buddhistischer Philosophie sowie der gesamten indischen Spiritualität. Der Buddha erinnerte sich an fünfhundertundfünfzig seiner vorangegangenen Leben und illustrierte dadurch seine spirituelle Weiterentwicklung bis hin zur vollkommenen Erleuchtung. Dem Buddha zufolge ist die Wiedergeburt keine Glaubensfrage, sondern ergibt sich selbstverständlich aus der spirituellen Erfahrung. Das Verstehen und Annehmen des Prinzips der Wiedergeburt ist lohnend und hoffnungsverheißend. Hier liegt der Schlüssel zu Weiterentwicklung und Vervollkommnung.

Ich erinnere mich an eine schreckliche Erfahrung, die ich als Fünfjähriger machte. Ich hatte meinen älteren Bruder mit einem großen Seifenbrocken geschlagen, weil er mich ständig hänselte. Er begann zu weinen. Mein Vater, ein orthodoxer Brahmane, strafte mich nicht körperlich, sondern indem er sagte, ich würde in der Hölle wiedergeboren werden, wenn ich Gewalt ausübte. Er untermalte seine Vorhersage noch mit einer Beschreibung der Höllenwelt, in der die Wesen unendlichen Qualen ausgesetzt sind, wo man ihnen die Köpfe abschneidet, sie in brodelnden Kesseln kocht und vieles mehr. Von jenem Zeitpunkt an verfolgte mich dieses Bild, wann immer ich einen Fehler beging.

Als Student der Wissenschaften und der Technik und mit dem Erwachen einer rationalistischen Sichtweise, wahrscheinlich aber eher aus Furcht, begann ich mich zu fragen, ob die Wiedergeburt nicht doch lediglich ein Aberglaube sei. Ich hielt es für angebracht, die Frage einer objektiven Untersuchung zu unterziehen. Ich notierte mir alle Begebenheiten, bei denen jemand sich an frühere Leben zu erinnern glaubte, und führte eine systematische Studie durch.

Viele Jahre später, 1947, als ich als Mönch in einem Waldkloster in Ceylon lebte, sandte mir ein Freund einen Zeitungsausschnitt zu. Es handelte sich um die Geschichte eines Jungen mit Namen Pramod, der sich an die Ereignisse seines vorangegangenen Lebens als Pramanand erinnerte. Sofort schrieb ich an den Vater von Pramod und an den Bruder des verstorbenen Pramanand und erhielt durch einen Distriktsbeamten die Bestätigung, daß die Aussagen des Kindes authentisch seien. Nicht nur zur Befriedigung wissenschaftlicher Neugier, sondern auch um der spirituellen Bereicherung willen möchte ich hier den damaligen Schriftverkehr veröffentlichen.

Während meiner Reisen als Wandermönch in Indien und im Ausland habe ich viele Menschen getroffen, die sich nicht nur an ihre früheren Leben erinnerten, sondern auch Gegenstände wiedererkannten. Im Laufe des Lebens kommt man immer wieder mit Situationen und Menschen in Kontakt, die so beeindruckend sind, daß sie sich nur mit Hilfe der Erinnerung an die Vergangenheit zufriedenstellend erklären lassen.

Der Fall Pramod

Sehr geehrter Herr,
bezugnehmend auf Ihr Schreiben, möchte ich Ihnen den Vorfall so schildern, wie er sich zugetragen hat.
Mein Bruder Paramanand starb am 9.5.1943, im Alter von neununddreißig Jahren, in Saharanpur, etwa einhundert Meilen westlich von Moradabad. Nachdem er noch ein Bad genommen hatte, erlag er einer Blinddarmentzündung. Die Ärzte hatten ihm verboten, Dickmilch zu sich zu nehmen, woran er sich auch hielt. Als Kind war er sehr religiös gewesen. In seinen letzten Lebenstagen hatte er sich, nach einer schwerwiegenden Auseinandersetzung mit seiner Frau, auf den Weg nach Saharanpur gemacht. Er hinterließ vier Söhne, eine Tochter, drei Brüder und eine Schwester, die alle um ihn weinten.
Pramod, die derzeitige Inkarnation Paramanands, wurde am 15.3.1944 in Bissauli, vierundvierzig Meilen östlich von Moradabad, geboren. Sein Vater, Bankey Lal Sharma, war Professor an der Hochschule von Bissauli, seine Mutter Studentin. Pramods Großvater mütterlicherseits lebte in Mohammadpur Mai, drei Meilen von Bissauli entfernt. Als der Junge heranwuchs, begann er von Dingen aus seinem früheren Leben zu sprechen. Als er eines Tages Kekse angeboten bekam, sagte er zu seinem Vater, ihm gehöre ein großes Geschäft in Moradabad und er würde nur Kekse von dort essen. Er behauptete, er habe vier Söhne, eine Tochter und eine Ehefrau. Wenn seine Mutter das Essen zubereitete, fragte er: »Warum bereitest du das Essen, wo ich doch eine Ehefrau habe, die das für dich tun kann? Schick nur nach ihr.« Den Namen des Geschäftes konnte er nicht nennen, er wußte lediglich, daß es ein großes war.

Sahu Raghunandan Lal aus Bissauli kontaktierte, auf Bitten von Prof. B. L. Sharma, seinen Schwager Sahu Surya Prakash in Moradabad und bat ihn, nach dem besagten Geschäft zu suchen Er fand heraus, daß die Angaben des Jungen auf die Mohan-Brüder zutrafen.

Obwohl der kleine Pramod eine Menge seltsamer Dinge zu seinen Eltern und seinem Großvater sagte, schenkten sie dem wenig Beachtung. Zu Beginn waren die Aussagen des Jungen unklar, aber je älter er wurde, um so zusammenhängender wurden sie.

Als Pramod eines Abends sehr spät nach Hause kam, fragte ihn sein besorgter Vater, wo er herkomme und bekam die prompte Antwort er komme aus Saharanpur. Auf die Frage warum er aus Saharanpur komme, antwortete der Junge: »Weil mein Bauch sich entzündet hat, komme ich von dort.« Diese Antworten aus dem Mund eines Kindes, das weder wußte, wo Saharanpur lag, noch jemals dort gewesen war, überraschten den Vater. Der Vater war ratlos.

Als wir von alldem hörten, begaben wir uns nach Bissauli, um den Jungen kennenzulernen. Als wir ankamen, befand sich Pramod gerade in Mohammadpur Mai, und so führten wir zunächst ein vertrauliches Gespräch mit seinem Vater. Er versprach, am 15. August mit dem Kind nach Moradabad zu kommen.

Sri Karam Chand, der Älteste von uns Brüdern, erwartete den Professor und seinen Sohn am Bahnhof. Als die beiden aus dem Zug stiegen, erkannte der Junge ihn sofort in der Menge und umarmte ihn. Sein Vater fragte ihn, ob er den Herrn kenne, auf dessen Schoß er sitze, und Pramod erklärte, es handele sich um seinen älteren Bruder. Der Vater war sprachlos.

Unserer Familie gehören zwei Geschäfte in Moradabad, eines an einem Platz namens Choumukhapul und ein zwei-

tes in der Nähe des Gerichts. Der Weg vom Bahnhof zum Choumukhapul führt an der Stadthalle vorbei.
Als sie dort entlangkamen, erklärte der Junge, dies sei die Stadthalle. Alle waren erstaunt, denn er verwendete den englischen Begriff, den er eigentlich nicht kennen konnte. Am Ziel angekommen, erkannte Pramod auch das Geschäft. Als sie in die Nähe des Hauses kamen, erkannte er das Gebäude sofort und sagte, er habe dort gelebt. Im Haus erkannte er seine Tochter Lata und seinen Sohn Govardhan Das. Später erkannte er auch seine Schwester und weitere Familienmitglieder.
Im Geschäft erinnerte er sich an die Sodawassermaschine und erklärte, er habe an dieser Maschine gearbeitet. Der Wassertank war abmontiert worden und befand sich an einem anderen Ort. Wir baten das Kind, uns die Funktionsweise der Maschine zu erläutern, und er fragte sofort nach dem Wassertank. Als der Tank wieder angeschlossen worden war, führte er uns die Maschine vor. Als er in die Bäckerei geführt wurde, erkannte er sie auch als *bakery*. Woher konnte ein Kind aus einem kleinen Ort eine *bakery* kennen? Wir waren alle sehr überrascht. In der Küche verneigte er sich vor seinem Hausaltar und als er, auf eigenen Wunsch, ins Kontor geführt wurde erkannte er, daß sein Schreibtisch sich nicht mehr auf dem Podest befand, auf dem er früher gestanden hatte, und zeigte den Anwesenden die Kassette, in der er sein Geld aufzubewahren pflegte.
Unter Hindus ist es üblich, daß die Frauen einen zinnoberroten Punkt auf der Stirn tragen. Sterben ihre Männer, so entsagen sie allen weltlichen Freuden und führen ein enthaltsames Leben. Pramod fragte seine frühere Frau, warum sie keinen Punkt auf der Stirn trage, und als sie nicht aufhörte, ihm Fragen zu stellen, fuhr er sie an, ge-

nauso wie er es in seinem früheren Leben getan hatte, und beschuldigte sie, ihm nur Ärger zu machen.
Obwohl es geschlossen war, erkannte er auch das zweite Geschäft in der Nähe des Gerichts und fragte, wann das dritte, zu seinen Lebzeiten noch nicht existierende, Stockwerk errichtet worden sei.
Pramod erkannte noch viele weitere Einzelheiten in seiner früheren Heimatstadt und setzte alle Anwesenden in Erstaunen.
Auf der Heimreise begegnete er einer Dampflok, die stark qualmte. Er fragte, was das sei, und erhielt die Erklärung, daß es sich um Rauch handele. »Derselbe Rauch, der auch mich fortgetragen hat?« fragte Pramod.
Mit freundlichen Grüßen
M. L. Mehta

Sehr geehrter Herr,
ich schätze Ihre Sichtweise der Lehre vom Karma und hoffe, daß die Geschichte von Sri Paramanands Inkarnation im Körper Pramods, meines geliebten Sohnes, aufschlußreich für Sie sein möge.
Ich habe die Schriftstücke, die sich mit der Wiedergeburt Paramanands befassen, gelesen und kann als Augenzeuge nur bestätigen, daß jede geschilderte Einzelheit der Wahrheit entspricht. Pramod ist ein wunderbares, intelligentes Kind. Über ein Jahr sprach er immer wieder von Moradabad und den Mohan-Brüdern. Seit Dezember vergangenen Jahres erwähnt er auch Firmen, die ihm einst gehörten, und Waren, die er verkaufte. Er ist verrückt nach Keksen, und in einem Süßwarenladen fiel ihm auch wieder ein, daß er einmal eine Bäckerei und eine Sodawasserfabrik besessen hatte.
Als er Moradabad besuchte, erkannte er fast jeden wieder,

außer seinem ältesten Sohn, der sich in den fünf Jahren seit dem Tod des Vaters stark verändert hatte. Er erkannte all seine anderen Söhne, seine Tochter, seine Frau, seine Brüder, seine Mutter und viele andere, mit denen er in seinem vergangenen Leben in Kontakt gekommen war. Alle wichtigen Plätze in Moradabad waren ihm vertraut.

Zum Erstaunen aller Beteiligten beantwortete er die ihm gestellten Fragen, ohne zu zögern.

Das Kind sitzt manchmal stundenlang da und fährt mit dem Finger die Zeilen dicker Bücher nach. Er baut Modelle von Geschäftshäusern und spannt im Spiel Fäden, als wolle er sie elektrifizieren. Manchmal stammelt er die Namen Dalmia, Tata und Birla, die keiner der Erwachsenen hier kennt.

Ich bin ein Mann der Mittelschicht, aber der Junge ist mit meinem derzeitigen Status nicht zufrieden. Er versucht immer wieder, mich dazu zu bewegen, ein großes Geschäft in Bombay oder Delhi zu eröffnen. Er behauptet, geschäftlich schon des öfteren in Delhi gewesen zu sein. Er wünscht sich Flugzeuge, Schiffe und Radios.

Er fühlt sich zu seinem vergangenen Leben hingezogen, nicht zu dem mit mir. Ich bin in einer Zwickmühle. Er hat so hochtrabende Ambitionen. Er möchte, daß ich mir ein Auto kaufe und eine eigene Bank eröffne. Manchmal treibt es mir die Tränen in die Augen, daß ich nicht in der Lage bin, ihm seine Wünsche zu erfüllen. Ich wäre Ihnen sehr dankbar, wenn Sie mir einen Rat geben könnten, wie ich aus dieser Zwickmühle herauskommen kann.

Ihr

B. L. Sharma

Die Konsequenzen von Fehlverhalten

(Die Folgen des Bruches der Sittenregeln A.VIII.40)

Das Töten, ihr Mönche, ausgeübt, betätigt und häufig betrieben, führt zur Hölle, zum Tierschoße oder zum Gespensterreich. Und schon die allergeringste Auswirkung des Tötens bringt dem Menschen kurzes Leben.

Das Stehlen, ihr Mönche, ausgeübt, betätigt und häufig betrieben, führt zur Hölle, zum Tierschoße oder zum Gespensterreich. Und schon die allergeringste Auswirkung des Stehlens bringt dem Menschen den Verlust seiner Güter.

Geschlechtliche Ausschreitung, ihr Mönche, ausgeübt, betätigt und häufig betrieben, führt zur Hölle, zum Tierschoße oder zum Gespensterreich. Und schon die allergeringste Auswirkung der geschlechtlichen Ausschreitung bringt dem Menschen Feindschaft mit seinen Rivalen.

Das Lügen, ihr Mönche, ausgeübt, betätigt und häufig betrieben, führt zur Hölle, zum Tierschoße oder zum Gespensterreich. Und schon die allergeringste Auswirkung des Lügens bringt dem Menschen falsche Anschuldigungen.

Die Zwischenträgerei, ihr Mönche, ausgeübt, betätigt und häufig betrieben, führt zur Hölle, zum Tierschoße oder zum Gespensterreich. Und schon die allergeringste Auswirkung der Zwischenträgerei bringt dem Menschen Zwietracht mit seinen Freunden.

Das rohe Reden, ihr Mönche, ausgeübt, betätigt und häufig betrieben, führt zur Hölle, zum Tierschoße oder zum Gespensterreich. Und schon die allergeringste Auswirkung des rohen Redens führt dazu, daß der Mensch unangenehme Worte zu hören bekommt.

Das leere Geschwätz, ihr Mönche, ausgeübt, betätigt und häufig betrieben, führt zur Hölle, zum Tierschoße oder zum Gespensterreich. Und schon die allergeringste Auswirkung des leeren Schwätzens führt dazu, daß der Mensch unannehmbare Worte spricht.

Der Genuß von Rauschmitteln, ihr Mönche, ausgeübt, betätigt und häufig betrieben, führt zur Hölle, zum Tierschoße oder zum Gespensterreich. Und schon die allergeringste Auswirkung des Genusses von Rauschmitteln führt den Menschen zur Geistesverstörung.

Das Schicksal hat Ursachen

Alles, was existiert, ob belebt oder unbelebt, wird durch Gesetzmäßigkeiten bestimmt. Es gibt keine Glücksfälle, nichts geschieht zufällig. Allem, was geschieht, liegt eine Ursache zugrunde.

Bestimmte Dinge lassen sich nicht mit dem Intellekt allein erfassen. Solche Geschehnisse werden häufig als Zufälle oder Glücksfälle bezeichnet. Nur weil sich etwas nicht rational erfassen läßt, sollte man es trotzdem nicht einfach hinnehmen. Der edle Mittelweg, der die Extreme reiner Intellektualität und blinden Glaubens vermeidet, versucht die Dinge mit Hilfe spiritueller Disziplin zu erfassen. Der Buddha bezeichnete dies als die wahre Anwendung des *dhamma*, Intuition und Hingabe, Weisheit und Mitgefühl, *paññā-karunā*, eine vollkommene Verschmelzung von Herz und Hirn. Erst wer dies vollendet, findet zu einer wahrhaft sinnvollen Existenz und ist wirklich weise.

Eine der Begleiterscheinungen der Weisheit besteht in der Fähigkeit, Ursachen zu erkennen und den Zusammenhang zwischen Ursache und Wirkung wahrzunehmen, der bestimmten Lebenssituationen zugrunde liegt.

Der attraktive, intelligente, einzige Sohn eines reichen Mannes stirbt, in der Blüte seiner Jugend, plötzlich bei einem Unfall oder an einer Krankheit. Eine wohlhabende und einflußreiche Familie verliert plötzlich ihren gesamten Besitz durch politische oder soziale Umwälzungen. Ein ehrenwerter Mann oder eine hochgeachtete Frau sind ständiger Rivalität im privaten wie im geschäftlichen Bereich ausgesetzt. Kann das nur Zufall sein oder eine Strafe der Götter? Ein Führer, wie Gandhi, der einen bemerkenswerten Beitrag für die Menschheit geleistet hat, sieht sich neidischer Propaganda und falschen Anschuldigungen ausgesetzt. Ein sehr liebenswerter Mensch mit einem großen Freundeskreis erfährt Zerwürfnisse mit ihm nahestehenden und engen Freunden. Ein sanftmütiger, gütiger Mensch wird der üblen Nachrede bezichtigt. Eine ehrliche und hilfsbereite Person, die immer respektiert wurde, wird plötzlich zur persona non grata, deren Worte kein Gewicht haben. Ein intelligenter, aktiver Mensch wird plötzlich ein Opfer der Geisteskrankheit.

Sind all diese Geschichten wirklich nur die Zufälle des Lebens, die grausame Strafe der Götter? Solche Fälle kennt jeder aus seinem eigenen Umfeld, man kann sie nicht einfach beiseite schieben und so tun, als beträfe es einen nicht. Niemand kann sicher sein, daß ihm solche Dinge nicht auch passieren.

Der Erleuchtete Buddha gibt uns die Antwort auf diese Fragen. Er hat die moralischen Ursachen erläutert, die zu solchen Resultaten führen. Im Sutra von den Konsequenzen des Fehlverhaltens sehen wir, wodurch das Leben wohl oder schlecht gestaltet wird.

Werden I

(A.III. 77–78 Wiedergeburt I–II)

Es sprach der Ehrwürdige Ananda zum Erhabenen also: »Dasein, Dasein, so sagt man, o Herr. Inwiefern aber, o Herr, gibt es ein Dasein?«

Das Werden, *bhava*, bezeichnet die drei Existenzbereiche, nämlich das Dasein in der Fünfsinnenwelt, *kāma-bhava*, auf der feinkörperlichen Ebene, *rūpa-bhava*, auf der unkörperlichen Ebene, *arūpa-bhava*.

»Wenn es, Ananda, kein in sinnlicher Sphäre reifendes Wirken, *kamma,* gäbe, würde es dann wohl sinnliches Dasein geben?«

»Das wohl nicht, o Herr.«

»Somit also, Ananda, ist das Wirken, *kamma,* der Boden, das Bewußtsein die Saat, das Begehren die Feuchtigkeit. Und das Bewußtsein der durch Unwissen gehemmten und vom Begehren umstrickten Wesen setzt sich in niederer Sphäre fest. So kommt es zur Entstehung einer künftigen Wiedergeburt. Solcherart, Ananda, ist das Dasein.

Wenn es, Ananda, kein in feinkörperlicher Sphäre reifendes Wirken gäbe, würde es dann wohl feinkörperliches Dasein geben?«

»Das wohl nicht, o Herr.«

»Somit also, Ananda, ist das Wirken der Boden, das Bewußtsein die Saat, das Begehren die Feuchtigkeit. Und das Bewußtsein der durch Unwissenheit gehemmten und vom Begehren umstrickten Wesen setzt sich in mittlerer Sphäre, im feinkörperlichen Dasein, fest. So kommt es zur Entstehung einer künftigen Wiedergeburt. Solcherart, Ananda, ist das Dasein.

Wenn es, Ananda, kein in unkörperlicher Sphäre reifendes Wirken gäbe, würde es dann wohl unkörperliches Dasein geben?«

»Das wohl nicht, o Herr.«

Werden II

Es sprach der Ehrwürdige Ananda zum Erhabenen also: »Dasein, Dasein, so sagt man, o Herr. Inwiefern aber, o Herr, gibt es ein Dasein?«

»Wenn es, Ananda, kein in sinnlicher Sphäre reifendes Wirken, *kamma,* gäbe, würde es dann wohl sinnliches Dasein geben?«

»Das wohl nicht, o Herr.«

»Somit also, Ananda, ist das Wirken, *kamma,* der Boden, das Bewußtsein die Saat, das Begehren die Feuchtigkeit. Und der Wille, das Verlangen, *cetanā patthanā,* der durch Unwissen gehemmten und vom Begehren umstrickten Wesen setzt sich in niederer Sphäre, im vorerwähnten sinnlichen Dasein, fest. So kommt es zur Entstehung einer künftigen Wiedergeburt. Solcherart, Ananda, ist das Dasein.

»Wenn es, Ananda, kein in feinkörperlicher Sphäre reifendes Wirken gäbe, würde es dann wohl feinkörperliches Dasein geben?«

»Das wohl nicht, o Herr.«

»Somit also, Ananda, ist das Wirken der Boden, das Bewußtsein die Saat, das Begehren die Feuchtigkeit. Und der Wille, das Verlangen der durch Unwissenheit gehemmten und vom Begehren umstrickten Wesen setzt sich in mittlerer Sphäre, im feinkörperlichen Dasein, fest. So kommt es zur Entstehung einer künftigen Wiedergeburt. Solcherart, Ananda, ist das Dasein.

Wenn es, Ananda, kein in unkörperlicher Sphäre reifendes Wirken gäbe, würde es dann wohl unkörperliches Dasein geben?«

»Das wohl nicht, o Herr.«

»Somit also, Ananda, ist das Wirken der Boden, das Be-

wußtsein die Saat, das Begehren die Feuchtigkeit. Und der Wille, das Verlangenden der durch Unwissenheit gehemmten und vom Begehren umstrickten Wesen setzt sich in hoher Sphäre fest. So kommt es zur Entstehung einer künftigen Wiedergeburt. Solcherart, Ananda, ist das Dasein.
Somit also, Ananda, ist das Wirken der Boden, das Bewußtsein die Saat, das Begehren die Feuchtigkeit. Und das Bewußtsein, der Wille, das Verlangen der durch Unwissenheit gehemmten und vom Begehren umstrickten Wesen setzt sich in hoher Sphäre fest. So kommt es zur Entstehung einer künftigen Wiedergeburt. Solcherart, Ananda, ist das Dasein.«

Man sagt, Ehen würden im Himmel geschlossen. Damit soll ausgedrückt werden, daß ein Mann und eine Frau durch ein unsichtbares Band miteinander verbunden, daß sie füreinander bestimmt sind.

Jeder Soldat im Krieg weiß, daß es nur eine Kugel gibt, auf der sein Name steht. Gibt es diese Kugel mit seinem Namen nicht, so kann man ihn in der Mitte des Schlachtfeldes an einen Pfahl binden, ohne daß er im Kugelhagel getötet wird.

Unter der Landbevölkerung heißt es, daß auf jedem Reiskorn der Name dessen steht, der es essen wird.

Bezüglich der Wechselfälle des Lebens bedeutet dies, daß die Geburt in einem bestimmten Existenzbereich, das sogenannte Schicksal, von einer Handlung bestimmt wird, die diesen Bereich repräsentiert. Die Handlung ist der Urgrund, wo das sogenannte Vorherbestimmte, also das Bewußtsein, und das sogenannte Schicksal, also der Existenzbereich, zusammenkommen. Bezüglich des Werdens bedeutet dies, daß jemand als Mensch geboren wird, der menschliche Qualitäten entwickelt hat, oder als Gott oder als Hund entsprechend seinen göttlichen oder animalischen Qualitäten.

Der Erleuchtete Buddha hat drei Daseinsbereiche voneinander unterschieden:

- *kāma-loka* – die Welt der Sinnesbegierde;
- *rūpa-loka* – die feinstoffliche Welt;
- *arūpa-loka* – die unkörperliche Welt.

Im *kāma-loka*, der begierdeorientierten Dimension, wird das Leben von den Begierden regiert, die aus den sechs Sinnen entstehen. So wie der Fisch an seine »wäßrigen« Lebensbedingungen gebunden ist, so sind die Wesen des *kāma-loka* in die Sinnesbegierden verstrickt, so daß alle ihre Taten, Worte und Gedanken von Begierde und Selbstsucht bestimmt werden.

In dieser Dimension ist das Bewußtsein von den sogenannten vier Mauern der Unwissenheit umschlossen, in Anlehnung an die zur Auflösung dieser Unwissenheit führenden Vier Edlen Wahrheiten. Der Zustand geistiger Verblendung wird durch das Greifen nach den Objekten in Gang gehalten. Die Wesen können sich nur schwer vor den Verunreinigungen des Geistes schützen, die aus Gier, Haß, Verblendung usw. bestehen.

Wendet man sich jedoch dem *dhamma* zu, so kann man diese Einflüsse unschädlich machen und sie vollkommen ausrotten. Das führt zu einer Verwandlung der karmischen Elemente in die subtilen, göttlichen Elemente des *rūpa-* und *arūpa-loka* oder in den *nibbāna dhātu* genannten transzendenten Zustand, der das Erlangen vollkommener Erleuchtung beschreibt. Daher bezeichnet man die drei Ebenen *kāma*, *rūpa* und *arūpa* als niedrige Ebene der Sinnesbegierden, als mittlere Ebene der feinkörperlichen Materie, die für spirituelle Qualitäten steht, und als hohe Ebene des reinen Geistes, als Sinnbild für die Unendlichkeit.

Das *kāma-loka* unterteilt sich in elf Existenzbereiche. Diese sind: die vier niederen Fährten, *apāya*, die den nichtmenschlichen Bereich repräsentieren, in den man aufgrund böser Handlungen und Fehlverhaltens gelangt, die Welt der Menschen und die sechs himmlischen Sphären, *deva-loka*. In den menschlichen und die göttlichen Bereiche gelangt man aufgrund moralischen Verhaltens und guter Taten.

Rūpa-loka, die Welt der Brahmagötter, zeichnet sich durch Wesen aus, die von ungeheurer Leuchtkraft und strahlend aus feinstofflicher Materie geboren werden, im Gegensatz zu den grobstofflichen Wesen des *kāma-loka*. Auf dieser Ebene materialisieren sich sozusagen hohe spirituelle Qualitäten, wie allumfassende Liebe, Hingabe, Altruismus, Freude usw. Die Brahmas sind frei von den geistigen Verunreinigungen des *kāma-loka,* wie Haß, Unruhe, Zweifel usw. Aufgrund ihres sehr feinen und reinen Geistes erfreuen sich die Brahmagötter eines Bewußtseinszustandes, der mit den *samādhis* vergleichbar ist, die bei der Verwandlung des *kāma*-Bewußtseins entstehen.

Trotz alledem leiden auch die Wesen des *brahma-loka* unter bestimmten Einschränkungen. Auch sie besitzen geistige Verunreinigungen, die ihrer feinstofflichen Natur entsprechen und ihr Bewußtsein zum Greifen veranlassen. Die so entstehende Verblendung läßt sie die Vier Edlen Wahrheiten nicht erkennen.

Das Leben der Brahmas ist sehr freudvoll und Tausende von Äonen lang, weshalb es ihnen sehr schwerfällt, die Vergänglichkeit, *anicca*, die Leidhaftigkeit, *dukkha*, und die Substanzlosigkeit, *anatta*, die allen Phänomenen in den drei *lokas* zugrunde liegen, zu erkennen.

Es ist die Tragik und Ironie des Lebens der feinstofflichen Wesen, sowohl des *rūpa-*, wie des *arūpa-loka,* daß sie unfähig sind, diese Grundmerkmale allen Lebens in den Existenzbereichen zu durchschauen.

Im *kāma-loka*, besonders im menschlichen Bereich, ist die Diskrepanz zwischen Schmerz und Freude unablässig wahrnehmbar. Die drei Grundmerkmale des Lebens sind hier deutlich sichtbar. Darum erscheinen die Buddhas nur in der menschlichen Welt. In den nichtmenschlichen Bereichen sind das Leiden, die Angst und Verzweiflung, zu überwältigend für den Geist, um die Vier Edlen Wahrheiten zu erkennen. In den feinstofflichen Sphären der Götter hingegen, ist die Glückseligkeit so vorherrschend daß der Geist nicht in der Lage ist, gleichzeitig die grundsätzlichen Wahrheiten zu erkennen. Sowohl Freude als auch Leid müssen durch eine Verwandlung des Bewußtseins transzendiert werden.

Der Bereich der *rūpa*- Brahmas unterteilt sich in vier *jāhnas*, welche die reinen Gefilde der nicht wiederkehrenden Wesen der reinsten und feinstofflichsten Ebene einschließen. Jedes dieser *jāhnas* ist wiederum dreifach untergliedert, entsprechend den drei Sphären der Brahmawelten. Zusammen ergeben sich also sechzehn *rūpa*-Brahma-Gefilde.

Im *arūpa-loka*, der unkörperlichen göttlichen Dimension der Brahmas, ist der Geisteszustand der Wesen völlig rein und frei von jeder Form von Materie, und sei sie noch so subtil. In dieser Dimension des reinen Geistes existieren vier unterschiedliche Ebenen, die durch die vier unkörperlichen Vertiefungen, *arūpa jāhnas*, nämlich unendlichen Raum, unendliches Bewußtsein und weder Wahrnehmung noch Nichtwahrnehmung repräsentiert werden.

Es handelt sich um eine Existenzform, die als rein geistige Manifestation die unendliche Weite der unkörperlichen *arūpa*-Sphäre durchströmt. Jene rein geistigen Wesen leben ein Leben der geistigen Einsgerichtetheit und des Gleichmuts, der unberührt ist von Schmerz und Leid, gut und schlecht, Tag und Nacht usw. Hier herrscht eine Auflösung aller Gegensätze und die Nichtexistenz von Zeit, Raum und Erscheinung, wie sie im *kāma*- und *rūpa-loka* erfahren werden. In diesem Reich reiner Bewußtheit ist die Lebensspanne so ungeheuer lang, daß ein Verständnis der Vergänglichkeit unmöglich ist. Die Geburt im *arūpa-loka* ist daher, vom Standpunkt der Erlangung des *nibbāna* aus gesehen, nicht hilfreich und wenig erstrebenswert.

Im Sutra über das Werden erläutert der Buddha das Gesetz der gegenseitigen Entsprechung. Das Schicksal und der, der es erfährt, stehen aufgrund ihrer Qualitäten in Beziehung zueinander. Der Buddha benutzt ein Bild aus der Landwirtschaft, wenn er sagt: »Somit also, Ananda, ist das Wirken der Boden, das Bewußtsein die Saat, das Begehren die Feuchtigkeit.«

Wenn diese drei Grundlagen existieren, gibt es ein »Werden«. Solange die Handlung und das Begehren im Bewußtsein zusammenwirken, wird es zu Resultaten in Worten, Taten und Gedanken kommen.

Es kommt zu einer den Resultaten entsprechenden Wiedergeburt. Wie in dem Bild von der Schwangeren aus dem Rad des Lebens ist das Kind schon empfangen, es ist nur noch eine Frage der Zeit, wann es geboren wird. Wenn die Zeit reif ist, findet die Trennung statt und vollendet den Kreislauf des Werdens.

Das Werden läßt sich zweifach unterteilen in ein Werden in Handlungen und in Wiedergeburt. Die Handlung entspricht der Empfängnis und die Wiedergeburt der Trennung des Kindes vom Mutterleib. Die Zeit, die zwischen der Empfängnis und der Trennung vergeht, wird von einem psychologischen Gesetz bestimmt. Ein Kind benötigt neun Monate um heranzureifen und geboren zu werden. Bis ein Lebensfaktor zur Reife gelangt und in Erscheinung treten kann, ist ein sogenannter Impulsivmoment, *javana*, nötig, der das Herzstück einer Handlung bildet. Es gibt sieben solcher Impulsivmomente, die den karmischen Prozeß bestimmen.

Die Impulsionen sind sieben aufeinander folgenden Wellen vergleichbar, die ihren Höhepunkt bei der vierten erreichen.

Die erste Welle, *diṭṭhadhammavedanīya*, führt zu Ergebnissen im Hier und Jetzt, in diesem Leben. Als Beispiel läßt sich hier die Bestrafung eines Verbrechers nennen oder wenn transzendenten Einsichten unmittelbar eine spirituelle Verwandlung folgt.

Die siebte *javana*, *upapajjavedanīya*, führt zu Ergebnissen im nächsten Leben, während die verbleibenden fünf *javanas, aparāpariyavedanīya,* Resultate in späteren Leben hervorbringen. Reifen die erste und siebte Welle nicht zum rechten Zeitpunkt heran, so gehen sie verloren oder erschöpfen sich. Sie sind wie Medikamente mit einem Verfallsdatum, deren Wirksamkeit mit Überschreiten dieses Datums erlischt.

Das Reifen des Werdens von der Handlung bis zur Wiedergeburt wird also von genauen psychologischen Gesetzmäßigkeiten bestimmt. Kommt ein neuer Faktor ins Spiel, der Einfluß auf die Situation nimmt, so verändert sich das gesamte Ergebnis. Eine Handlung, die in diesem Leben heranreifen müßte, der aber der betreffende Mensch vorher wegstirbt; oder ein Heranreifen, das ein bestimmtes Umfeld benötigt, aber der Betroffene hat dieses Umfeld bereits verlassen; oder wenn der Mensch, nachdem er ein Mönch geworden ist, einen völlig anderen Lebenswandel führt, dann wird diese Handlung nutzlos, da die ursprüngliche Zielperson unerreichbar geworden ist.

Genau diese Möglichkeit des Erschöpfens von *kamma* enthält die Hoffnung auf Befreiung aus dem Kreislauf der Existenzen, die Freiheit von den Fesseln der drei Existenzbereiche. Daher sagte der Erhabene Buddha, daß wenn die Resultate aller Handlungen unverändert erfahren werden müßten, es keine Befreiung aus dem Existenzkreislauf gäbe.

In dem ersten Sutra über das Werden sagte der Buddha, daß das Bewußtsein der durch Unwissen gehemmten und vom Begehren umgarnten Wesen sich in niederer, mittlerer oder höherer Sphäre festsetzt. So kommt es zur Entstehung einer künftigen Wiedergeburt in entsprechenden Bereichen. Im zweiten, ansonsten gleichlautenden Sutra betont er, daß der Wille und das Verlangen statt des Bewußtseins in einem der drei *lokas* zur Reife gelangen, wo dann eine zukünftige Geburt stattfindet.

Nur wenn alle Faktoren in Übereinstimmung mit der richtigen zeitlichen Abfolge eintreffen, findet die Wiedergeburt statt, und nur dann dreht sich das Rad des Lebens.

Die Funktionsweise der Wiedergeburt

Der Ehrenwerte Ananda war ein Hauptschüler des Erleuchteten. Eines Tages stellte er dem Buddha die Frage, die zu jener Zeit, wie heute, ein heiß diskutiertes Thema gewesen sein muß. Die Frage ist so eng mit der menschlichen Existenz verknüpft, daß sie unseren Geist zu allen Zeiten beschäftigte.

Ananda sprach: »Dasein, Dasein, so sagt man, o Herr. Inwiefern aber, o Herr, gibt es ein Dasein?« Der Erleuchtete stellte eine Gegenfrage: »Wenn es, Ananda, kein in sinnlicher Sphäre reifendes Wirken, *kamma,* gäbe, würde es dann wohl sinnliches Dasein geben?« Woraufhin er den tiefgründigen Mechanismus der Wiedergeburt anhand einfacher Beispiele erklärte.

Offensichtlich fragten sich die Menschen auch zu Lebzeiten des Buddha, was es mit der Wiedergeburt auf sich hat. Bis heute ist es nicht ungewöhnlich, zu hören, daß Menschen die Wiedergeburt verneinen und behaupten, sie könnten sich nicht daran erinnern, es gäbe schließlich auch keine wissenschaftlichen Beweise für deren Existenz. Auch bestimmte Weltanschauungen und Religionsgemeinschaften verneinen die Existenz der Wiedergeburt. Wird eine Tatsache angezweifelt, so ist sie deshalb nicht ungültig. Um die Wahrheit zu erfassen benötigt man ein Instrument. Nur weil man mit der geistigen Fähigkeit zum Verständnis der Wiedergeburt ausgestattet ist, heißt das noch lange nicht, daß man es auch versteht.

Die Gegenfrage des Buddha hätte also auch folgendermaßen lauten können: »Gäbe es keine Wolken, aus denen Regen fällt, könnte es dann Flüsse, Seen und Wälder geben? Oder könnte es je Landwirtschaft, Handel und Industrie

geben ohne Regen? Wäre die menschliche Zivilisation überhaupt entstanden?« Die Antwort liegt auf der Hand.
Ohne Regen gäbe es all diese Dinge nicht. Gibt es also keine Handlung, so reift auch keine Existenzform heran, und es entsteht kein resultierendes Bewußtsein und daher auch kein Existenzbereich. Es entsteht keine Welt, in der sich die vitalen Prinzipien entfalten können, die wir lebende Organismen nennen. Die sogenannten unbelebten Dimensionen in den verschiedenen Existenzbereichen sind nur Materialisationen dieser vitalen Prinzipien.
Die unbelebte Dimension ist das Schicksal, zu dem das vitale Prinzip bestimmt ist. Zwischen dem Schicksal und seinem Träger besteht eine gegenseitige Abhängigkeit, ein sich gegenseitiges Bestimmen. So hat es der Erhabene Buddha erläutert.

Weitere Bücher zum Thema Buddhismus im Schirner Verlag

Acharya Buddharakkhita
Metta
Philosophie und Praxis der universellen Liebe
96 S., Paperback
ISBN 3-89767-177-8
Metta, die allumfassende Liebe zu allen Wesen, bildet gemeinsam mit Mitleid, Mitfreude und Gleichmut jene vier Verweilzustände, die zu erreichen ein Buddhist bestrebt ist. Wie Metta zu erlangen ist und wie sie sich auswirkt, wird in diesem Buch durch einen authentischen Meister unserer Zeit gut nachvollziehbar und leicht verständlich erklärt.

Meister Hsing Yun
Wahrhaftig Leben
Buddhistische Ethik im Alltag
250 S., *Hardcover*
ISBN 3-930944-98-7

224 S., *Paperback*
ISBN 3-89767-161-4
Eine in Themen gegliederte Einführung in die buddhistische Lebensweise in eingängiger Sprache und mit Beispielen aus dem Alltag

Tatjana & Mirabai Blau
Buddhistische Symbole
252 S., s/w-illustriert, Paperback
ISBN 3-930944-64-2
Eine Einführung in die buddhistische Bilderwelt anhand von über 100 Symbolen

Meister Hsing Yun
Buddha – der Lotus im Fluß
Eine Einführung in die Grundlagen des Buddhismus
256 S., Paperback
ISBN 3-89767-149-4
In diesem Buch eröffnet Meister Hsing Yun dem Leser einen detaillierten, wohlgeordneten Einblick in die Grundlagen des Mahayana-Buddhismus. Beginnend bei Begriffen wie den Vier Edlen Wahrheiten entfaltet sich das breite Spektrum der buddhistischen Lehre bis hin zu komplexen Weisheiten wie der Leerheit der Erscheinungen.

Nicolaus Klein
ZEN-Geschichten
20 ausgewählte Geschichten aus dem Schatz der ZEN-Meister
CD, Spielzeit: 55:00 Min.
ISBN 3-89767-175-1

Nicolaus Klein
Buddhas Lächeln
Eine Sitzmeditation für jeden Tag und eine Meditation zur Entscheidungsfindung in wichtigen Lebenssituationen
CD, Spielzeit: 51:30 Min.
ISBN 3-89767-176-X

Meister Hsing Yun
Buddhas kleines Stundenbuch
Buddhistische Weisheiten für den Alltag
112 S., Paperback
ISBN 3-89767-115-8
Wortperlen der buddhistischen Lehre von starker Aussagekraft und philosophischer Anmut, die sich jede als Leitspruch für unseren Alltag und unseren täglichen Umgang mit Menschen eignen.

Meister Hsing Yun
Buddhas Weisheitsperlen
128 S., Paperback
ISBN 3-89767-141-7
In den vielen Jahren, die Meister Hsing Yun als Dharma predigte, sammelten sich in seinen Aufzeichnungen Wortperlen der buddhistischen Lehre von starker Aussagekraft und philosophischer Anmut. Jeder einzelne Spruch ist von tiefem Sinn erfüllt und kann als Motto für den Alltag und den täglichen Umgang mit Menschen gelten.